阅读成就思想……

Read to Achieve

人类
The Psychobiology
动机
of Human Motivation

行为背后的
七情六欲

［英］休·瓦格纳（Hugh Wagner）◎ 著
白学军 等 ◎ 译

中国人民大学出版社
· 北京 ·

译者序

　　动机是直接推动一个人进行某种行为活动的动力。对于每一个人来说，不管其行为活动是简单的还是复杂的，都受到动机的调节和支配。从这个意义上看，对一个人动机的认识水平和深度决定了我们对他人和自己的认识水平和深度。自从科学心理学诞生以来，动机一直是心理学家关注和研究的重点。在心理学史上出现了许多以研究动机而闻名于世的心理学家，例如，精神分析心理学家弗洛伊德主张，人的行为活动的动机受性本能的支配；行为主义心理学家华生和斯金纳主张，人的行为活动的动机受外界强化的支配；人本主义心理学家马斯洛主张，人的行为活动的动机受其不同层次需要的支配，幼童的行为活动的动机更多地受生理需要和安全需要的支配，成年人的行为活动的动机更多地受爱的需要、认知需要、审美需要和自我实现需要的支配。

　　《人类动机》一书旨在为读者提供了解心理学关键新领域的机会。

本书适合那些想攻读心理学学位的学生、把心理学作为专业通识课程的学生以及相关学科专业的想更新自己知识体系的学生来学习。

《人类动机》一书有以下三个显著的特点：（1）作者是长期在一线任教的教师，在写作本书的过程中，他坚持以学生为中心，关注如何让学生更好地学习，满足学生学习方便性的需求；（2）人类所有的动机都是由需要产生的，其中生理需要是人最基本的需要，因此本书重点介绍了以生理基础为主的动机；（3）人不仅有基本的生理需要，还有高层次的社会需要，这就决定了在研究动机的过程中，还要考虑人的高级认知需要和社会需要对动机的作用。

正是由于本书有以上三个显著的特点，所以它也非常适合那些想不断拓展自己的知识视野、对人类动机的本质存有强烈好奇心的读者学习。

2020 年是不平凡的一年，新冠肺炎疫情突袭全球，严重干扰了人们正常的生活。但在党中央的坚强领导下，全国人民发扬"生命至上、举国同心、舍生忘死、尊重科学、命运与共"的伟大抗疫精神，取得了抗疫的阶段性胜利。在抗疫的过程中，作为心理学工作者，一方面我们积极参与心理抗疫工作，用自己的专业知识服务于社会大众，通过宣传心理健康科普知识，疏导民众的焦虑心理，为维护社会安全稳定做出了贡献；另一方面，我们仍坚持教学和科研工作，《人类动机》一书的翻译就是我们在此期间取得的重要成果。虽然我们师生不方便面对面地坐在一起探讨，但是我们在网上多次召开了翻译工作研讨会，共同讨论了一些重点名词、句子的翻译。我们有时为了更好地传达"原"意而争论得"面红耳赤"；有时又会因为相互启发，找到了更好的表达方式而"欣喜若狂"。

本书是由我和我所指导的博士研究生们共同翻译的，具体分工如下：第 1 章，殷颢文；第 2 章，白学军；第 3 章，刘佳；第 4 章、第 5 章，彭美；第 6 章、第 9 章，刘羽；第 7 章、第 8 章，孙世南。最后，由彭美、刘羽、孙世南进行统稿。所有内容翻译完之后，大家互相交替进行了多次校对，最后我又对本书所有内容进行了最终校对。除此之外，刘羽还主要负责了与编辑沟通以及整合信息的工作。

虽然我们都是心理学专业人员，但是高质量的翻译工作确实需要非常高的综合能力才能胜任。本书的翻译中如有不妥之处，恳请读者朋友不吝赐教。

白学军

2021 年 4 月 16 日

THE
PSYCHOBIOLOGY
OF HUMAN
MOTIVATION

目录

第 8 章　我们为什么会上瘾

第 9 章　那些人类特有的动机

第 1 章

每一个行为都是有动机的

- 我们为什么做自己所做的事
- 人类和动物有相似的动机吗

我们为什么做自己所做的事

许多心理学家和非心理学家一直想解释为什么人们会做他们所做的事情。不同的人似乎受到不同的动机驱使：有的人会把大部分时间花在实现最大的经济利益上；有的人选择专注于创作美丽的艺术作品；有的人会在选定的领域中倾注最大的努力，取得尽可能大的成功；有的人则只想过一种安静的、相对默默无闻的生活。这种思考引出了许多关于动机本质的问题。我们是否都受同样的基本动机驱动，以至于经济成功和艺术创造力都能满足那些相同的潜在需要？或者那些基本动机在本质上是否属于不同类型的动机？不同的动机是如何相互关联的？是否某些动机是基本动机，而另外一些动机在某种程度上是次要的或者是源于基本动机的呢？一个动机的满足是如何影响其他动机的？人类动机是否有特定的类型？或者人类动机与其他物种的动机可以用同样的方式来描述吗？我们在多大程度上能够意识到支配我们行为的动机？

除了最简单的反射之外，所有的行为都被认为是有动机的。动机对行为的控制体现在两个方面：激励行为并引导它朝某个目标前进。我们可以用多种方式为动机分类并进行解释。考虑到不可能完全将分类和解释分开，下面我们将简要介绍有关动机类型和动机理论的一般问题。

七情六欲背后的各种动机

马斯洛提出人类动机具有一种层级结构，他称之为需求层次结构（见表 1–1）。这个层次结构为我们对动机的概述提供了一个新的视角，尽管我会对其中一些细节提出异议，但不会以马斯洛的理论为基础进行更深层次的研究。

表 1–1　　　　　　　　　　**马斯洛的需求层次和替代分类**

马斯洛的层次理论		备择观点	
需求水平	动机	动机	动机类型
自我实现	好奇心	认知一致性	认知动机
	巅峰体验		
	创造性的生活		
	充实的工作		
尊重	自信	成就	自我整合动机
	掌控自尊	自尊	
爱	自由表达	自我展示	社会动机
	温暖的感觉	合作	
	一起成长的感觉	利他主义	
安全	安全	侵略	非稳态
	舒适	性	
	冷静	好奇心	

续前表

马斯洛的层次理论		备择观点	
需求水平	动机	动机	动机类型
生理	疲劳	睡眠	稳态
	性	饥饿	
	饥饿	口渴	
	口渴		

在马斯洛的需求层次结构中，最低层次的需求是生理需求。这些需求似乎是生理变化的基础。我们必须进一步区分来自身体失衡的生理需求，如饥饿和口渴，我们称之为稳态需求；此外，那些不具有维持身体平衡功能的生理需求，我们称之为非稳态需求。本书关注的稳态需求包括睡眠（"疲劳"）、口渴和饥饿。在第3、4和5章中，我们研究了它们的生理机制，并考虑了它们的生物学意义和产生的心理影响。

在马斯洛的需求层次结构中，非稳态需求以性为代表，我们将在第6章中探讨性行为的起源和变化。我们要研究的另一个非稳态需求是攻击性。虽然马斯洛的需求层次结构中没有这一点，但它可能属于下一个层次的需求，即安全需求，因为它在一定程度上涉及动物的防御。由于攻击性也与繁衍功能有关，因此也可以考虑将其归入生理需求。我们将在第7章中探讨攻击性的这些功能，包括它的起源和控制。

我们将需求层次结构中的前两个层次均描述为基本需求。"基本需求"这个词本身就有问题，因为不同作者对它有不同的用法。这些需求在马斯洛的需求层次结构中是基本的，因为它们处于最底层，必须在其他需求被满足之前得到满足。顺便说一句，这也是马斯洛理论存在的一个问题，因为它不允许出现艺术家在阁楼上挨饿的现象，即在逆境中产生创造力。但是"基本"也可以指根本的，因为其他动机是从基本动机中产生的。

需求层次结构中接下来的两个层次的需求被统称为心理需求。其中较低层次的需求被称为爱，实际上爱是由各种基于群体成员身份的社会动机组成的。较高的层次被马斯洛称为尊重的需求，我们将它看作自我整合的动机。在第 9 章中，我们将简要考察这些认知和社会动机。最后是自我实现的需求，包括好奇心和避免无聊（我们将在第 9 章中用认知动机对其进行阐述），马斯洛将它们看作人类动机的巅峰体验。在这种层次的动机下的个体被称为"自我实现者"，即处于一个更高的个体需求层次上。需求层次结构可以被看作进化过程中需求产生的顺序，可能与大脑在不同进化阶段的部分机制有关。在需求层次结构中，较低的需求被称为"基本需求"。

我们是如何认识人类动机的

我早先关于动机的一般性评论混合了暗示机械性〔如"驱力"（drive）〕和自我导向（如"选择"）的术语。大多数动机研究方法都倾向于机械性。在心理学发展初期，占主导地位的观点是人和动物的动机是由许多本能决定的。其中最具代表性的是本能理论家麦独孤的观点，他将本能定义为"一种遗传的或先天的心理倾向，能够感知和关注某一类对象，并以某种特定的方式对此类对象采取行动，或者至少体验到产生这种行动的冲动"。这个定义的第二部分清楚地描述了动机。麦独孤认为存在 18 种本能，其中大多数与马斯洛需求层次的三个最低层次需求对应。因此，动机是与生俱来的，尽管麦独孤认为它们可以被经验改变，但我们仍然可以控制自己是否冲动行事。

大约在同一时期，另一个主要的本能理论家弗洛伊德正在发展他的观点。他认为所有的动机最终都可以还原成两种基本的和对立的能量来源——生本能和死本能。弗洛伊德坚持认为，我们一般不知道这些本能的运作，这些本能是无意识动机的来源。此外，所有的行为，包括明显没有动机的行为，如口误，实际上都是有动机的，这揭示了我们的无意识动机的某些方面。我们对自我行为的解释通常与我们真正的无意识动机无关。

较新的研究方法延续了这些早期理论家的一般机械方法。稳态动机通常是从生理角度来解释的。也就是说，它们服务于明确界定的身体需求，方法是确定评估需求和满足需求的生理机制。我们将在第4章中了解这种方法的原理。一般来说，这种方法考虑到了需求是由特定的组织缺陷引起的。这就产生了一种驱动力，可以激励（或者引导）动物完成满足需求的行为。除了在驱动状态是否针对特定需求或它们是否作为一般状态运行这两个方面存在不同的意见之外，关于这种激励机制的一般性质几乎没有什么有用的争论。不过，本书不是一本生理学教科书，因此我们想超越生理机制的描述。本书采用的方法旨在探索生理学在解释人类动机方面存在的局限性。在每一章中，我们将探讨人类控制或以其他方式影响"基本"生理驱力的方式。

驱力减少理论（drive-reduction theory）试图用一种与生理动机平行的方式来解释非生理动机。也就是说，人们被假定进入了一种被剥夺的状态，类似于体内的平衡需求被打破。这就导致了一种驱动状态，这种状态要么是一般的，要么是针对特定的剥夺状态的。这种驱力使人做出"完美"的行为，从而缓解被剥夺的状态。我们将在第9章中将其作为一个简单的例子来进行更详细的研究，剥夺新的刺激会导致一种我们体验为厌倦的状态，并反映出寻求刺激的动力。当我们发现新的刺激时，剥夺感就会减少，无聊感也会消失。

驱力减少理论主要起源于心理学中的行为主义时期，实际上并不适用于心理需求，而适用于作为学习理论基础的生理需求。因为驱力的降低是令人愉快的，它会奖励紧随其后的行为，也就是说，它使这种行为更有可能发生。学习理论家，如赫尔（Hull）认为，驱力是非特定的，它能够激发任何行为并支持任何类型的学习。对学习理论的进一步思考超出了本书的范围。我们将在第 9 章讨论驱力的特殊性或普遍性问题。

学习理论家将生理驱力描述为主要驱力，因为驱力是内部产生的，但是由外部刺激所引导。学习可以改变与动力相关的外部刺激。理论家试图将这些原理应用于其他类型的动机，他们称之为第二驱力。从某种意义上说，学习动机的来源就是学习，但驱力状态本身与主要驱力相同。当一个最初的中性刺激与一个主要驱力的满足感匹配时，刺激本身就会唤起类似的驱力状态。据说这可以通过条件反射来证明。将一个可怕的刺激（电击或响亮的噪音）与先前的中性刺激相匹配，会导致中性刺激本身变得很可怕。然而，我们不可能从经验上证明这种过程是为了人类更高的动机而发生的，但把对知识、荣誉、骄傲、创造力等的渴望解释为条件反射，这似乎在本质上有些牵强。

现代的动机研究方法借用了驱力减少理论的语言，但却以更普遍的方式加以应用。因此，"驱力"这个词并没有赫尔的学习理论的含义，而是用来描述一种被激励去做某件事的感觉状态。"需要"与组织缺损无关，它通常是人凭经验感觉缺少了什么。我们将在第 9 章中看到对心理动机的分析大多来自社会心理学。然而，在所有这些方法的背后都有一种观点，即需求或驱力的满足是令人愉快的。在第 8 章中，我们将研究被认为是奖赏、强化和愉悦效应的大脑机制。我们在成瘾的背景下研究这些机制，因此有人认为成瘾是基于对这些大脑中枢的刺激而形成的。

人类和动物有相似的动机吗

日常用语在人和动物之间进行了大量的类比，其中许多涉及人们的外貌、行为或动机。例如，小偷可能会被形容为"贼眉鼠眼"，行为不体面而遭众人厌恶的人有时候会被称为"过街老鼠"。更普遍地说，我们把那些不以可接受的方式控制自己的人称为像动物一样。这些类比中有许多是贬义的：它们暗示人类的行为和动机优于动物。然而，与此同时，这些短语的使用让人们清楚地认识到，将人类与其他物种进行比较在某种程度上是有用的。它们的使用也表明人类和动物的动机有共同的特征，而人类与动物的区别在于人类拥有克服这些共同特征的能力。本书旨在探索我们和其他动物的动机在多大程度上有共同特征，并找出在哪些情况下，人类动机是独特的。换言之，我们将研究人类动机的生物学基础。

生物学有许多方法可以为心理学研究提供信息。从某种意义上说，通过考虑我们的"动物"本性，我们加深了对人类行为的理解。接下来，我将更具体地介绍可用于探索行为生物学基础的不同方法。每一种方法都取决于人类（智人）在动物界所处的位置，即物种之间的连续性和差异性。研究人类行为的生物学基础所依据的基本原则是进化的事实。

基因和环境哪个对人的影响更大

在 1859 年《物种起源》(*The Origin of Species*)一书出版之后,进化的概念就与查尔斯·达尔文的名字有了千丝万缕的联系。然而,在那之前的至少一百年里,生物学家们一直在猜测现代物种从早期物种进化而来的可能性。达尔文所做的是提出了一种进化机制,即适者生存,它是由一个自然选择(natural selection)过程进行的。

博物学家在 18 世纪和后来的一个主要任务是将动物(和植物)分类为同类物种,这个过程被称为分类学。直到最近,分类学几乎依然完全建立于物种结构特征的相似性基础之上。通过这些相似性,物种被置于一个物种"树"中,这些物种在不同程度上相互关联。进化的概念解释了物种之间的这些关系,现在被称为系统进化树(phylogenetic tree)。更相似的动物之所以如此,是因为它们在进化史上与同一个祖先的分化时间比不太相似的动物要晚。现在,分子生物学技术正被应用于分类学问题,结果基本上证实了基于结构的原始分类。

我们身体的所有组织和化学成分都来自我们从父母那里遗传的基因。每一个基因都携带着产生特定蛋白质或其他分子的密码。这些分子(直接或间接)构成了细胞和组织发育的基础。每个基因都是一个叫作脱氧核糖核酸(deoxyribonucleic acid,DNA)的大分子的一部分。每一个 DNA 分子都环绕在一个中心矩阵上,形成一个染色体(chromosome)。人类有 23 对染色体,每对染色体中有一半来自父亲,一半来自母亲。个体有机体的基因组成被称为基因型(genotype)。基因发挥作用的程度取决于环境的影响,个体由此产生的生理(和心理)特征被称为表型(phenotype)。例如,对于那些对应身高等身体特征的基因来说，这是正确的；但即使遗传了高个子基因，你也要确保你在成长过程中摄取了足够的营养。当我们在本书中研究基因对行为的影响时，我们总会发现这样的基因决定因素不仅高度依赖环境因素，而且它们对行为的遗传影响也是多基因（polygenic）的。这意味着两个或更多的基因有助于建立一个特定行为或特征的变异。

有许多方法试图确定某种行为在多大程度上是由遗传因素决定的。在人类中，大多数研究着眼于拥有不同程度的家庭关系的人有多相似。拥有相同基因型的同卵双胞胎（monozygotic twins）应该是最相似的。异卵双胞胎（dizygotic twins）有 50% 的相同基因，就像其他兄弟姐妹一样，随着血缘关系变得越来越远，共享基因的比例会减少。然而，遗憾的是，环境同样以相似的方式在变化，因此很难将环境和遗传这两种影响区分开。这类研究中那些最好的研究比较了同卵双胞胎和被收养后分开抚养的双胞胎。在其他物种中，选择性育种产生的后代在行为特征上各不相同，证明了这些特征的遗传基础。行为遗传学的最终目的是确定影响心理特征的实际基因及其位置。

分子生物学技术的基础是将 DNA 片段转移到简单的生物体（通常是细菌或酵母菌），以产生重组 DNA。细菌的快速复制意味着可以利用原始的克隆（clone）体快速复制大量相同的克隆体。DNA 克隆技术可以识别特定有机体的基因组成，以及为特定分子编码的基因的位置和性质，从而控制特定结构和功能的发展。这项技术的意义巨大，因为它不仅可以识别基因，而且还可以将它们转移到其他物种中，并且遗传给这种转基因动物的后代。这项技术可以应用于各种医疗和商业领域。

在目前的背景下，这些技术有两个重要的应用：（1）它们允许基因的重要行为定位；（2）它们允许生物学家根据不同物种 DNA 的相似性来定义系统发育关系。例如，我们的近亲是黑猩猩，我们拥有黑猩猩 98% 以上的 DNA，而拥有的大猩猩 DNA 则略低于 98%。这似乎很令人吃惊。我们真的和这些类人猿如此相似吗？其实，这个数字是非常容易引起误导的。大多数 DNA 实际上对个体有机体没有已知的功能。大多数为蛋白质或其他分子编码的 DNA，在细胞水平上也为构成结构和功能基础的分子编码，因此，如果它们在不同的灵长类物种中存在差异，那将是非常令人惊讶的。虽然 DNA 的共同遗传确实建立了系统发育的连续性，但我们有必要牢牢记住我们的 DNA 中那约 1.6% 的重要性，这一部分我们并未与其他物种共享。

　　人类进化路线最明显的区分特征是大脑逐渐变大。尤其是这涉及大脑"下部"区域的大脑半球（cerebral hemisphere）体积的绝对和相对增加。我们将在下一章更详细地讨论这个问题。我们将看到，大脑中位置较低、系统发育较早的部分在控制基本身体功能和动机方面至关重要。这种大脑半球让个体有了更强的适应能力，并且随着人类进化水平的提高，这种适应能力也在增强，最终在人脑中达到顶点。正是这种个体的适应性决定了我们可以在多大程度上用潜在的生理机制来解释人类动机。但是，虽然智人有一个巨大的大脑皮层（cerebral cortex），但大部分大脑较早的结构仍然可以被识别出来，对人类的生存仍然至关重要。我们将在本书中特别关注这些问题。

　　关于进化，我们需要进一步明确以下两点。第一，自然选择原则适用于个人而非群体。也就是说，存活下来的不是最适合的物种，而是最适合的个体。最终，增强的个体适应度可以导致新物种的产生。第二，现在所有的物种都是同样进化的，因为它们都是进化路线中的最后一步。特别是，我们不是任何其他现有物种的后代。大约 500 万 ~700 万年前，我们和与我们拥有共同祖先的黑猩猩分道扬镳。

人类的基因到底是不是自私的

生物心理学和心理生物学这两个术语都是一般性术语，它包括任何试图基于生物学背景进行的心理学研究，即研究行为的生物学基础。从广义上讲，这是对人类行为进化的考察，是一个被称为进化心理学的领域。研究人员扩展了那些从对其他物种的结构和行为的适应功能的研究中得到的原理，试图用它们解释人类的行为。特别是在动物生物学中，由此产生的研究社会行为的方法被称为社会生物学（sociobiology）。这是一种将达尔文原理应用于研究社会行为，特别是生殖行为的方法。在自私基因（selfish gene）的概念中，自然选择的个体本质得到了最清晰的表达。从这个观点看，所有的动物行为都可以被解释为为了在下一代中增加个体化基因的比例。

与进化原理直接相关的还有比较心理学，它大体上比较了不同物种的行为。在大多数情况下，那些被用于与人类进行比较的物种都是为了方便而选择的，最常被研究的是学习过程。因此，许多所谓的比较心理学都是关于老鼠的学习研究的。人们通常认为在其他物种中被检测的过程与在人类身上发生的过程相同。在本书中，我们将主要关注生理心理学，研究行为和心理过程的生理机制。由于我们关于动机的生理机制的大部分信息都来自对实验动物（通常是老鼠）的研究，因此本书大部分主题都是以行为和潜藏机制的假设为基础的。

如果没有一些基本的生理学知识，就不可能理解与动机和情绪有关的生理机制。我们将在第 2 章简要介绍生理学的基本原理。

知识提升

　　大多数行为被认为是有动机的。对动机的理解方法有很多种，把生理需求和心理动机分开是有用的。自我平衡的生理需求，如口渴和饥饿，显然是为了满足身体的需要，而其他需求则并未明确显示出是稳态的（睡眠）或是非稳态的（性和攻击性）。研究这些动机的主要途径是寻找生理机制。对心理动机的解释往往基于对生理动机的主导观点，也就是说，动机包括由需求引起的驱力，从而导致旨在满足需求的行为。

　　人类是从我们与近亲黑猩猩共有的祖先进化而来的。我们身体的结构来源于染色体上的基因，我们从父母那里平等地继承了这些基因。基因的表达也取决于环境因素，对于那些作用于行为特征的基因，环境因素的影响更为重要。人类的进化过程尤其表现在大脑半球的发育（即拥有更大的脑体积）上，这使得人类具有进化优势，即适应性增强，从而减少了对更原始的大脑结构的依赖。心理生物学包括任何考虑心理学的生物学背景的心理学方法，包括进化心理学和社会生物学，主要研究人类行为的进化背景；比较心理学，旨在比较人类和其他物种；生理心理学，主要考虑人类心理的生理机制，这也是我们会重点关注的一个领域。

第 2 章

为什么说生理驱动着
人类的动机

■ 喜欢百米冲刺的神经系统
■ 反应迟钝的内分泌系统

动机及其基础是一个生理过程。在这一章中，我们将研究这些机制所依据的解剖结构和它运行的生理学原理。我会集中讨论与身体功能密切相关的两大系统：神经系统和内分泌系统。此外，我还会提供一些细节，便于大家了解我在后边章节中提到的这些系统的组成部分的位置和功能。

神经系统和内分泌系统经常对身体产生类似的作用。两者的区别在于，神经系统的作用一般启动得快，终止得也快。相反，内分泌系统往往需要较长的时间才能发挥作用，而且持续的时间较长。我们还将看到这两个系统是高度相关的。

喜欢百米冲刺的神经系统

神经系统大体上有两种不同的划分方式。第一种是被划分为外周神经系统（peripheral nervous system）和中枢神经系统（central nervous system，CNS）。第二种是被划分为自主神经系统（autonomic nervous system，ANS）和躯体神经系统（somatic nervous system）。自主神经系统和躯体神经系统都有中枢和外周成分。在这一部分中，我们将探讨它们的主要成分和作用原理。

重要的信息中转站

外周神经系统由连接感觉系统和效应器（如肌肉）与中枢神经系统的神经组成。每条神经都是一束轴突（axon，即纤维），是神经元（neurone）或神经细胞的延伸（见图 2-1）。神经将指令从中枢神经系统传到各个器官（传出信号），并将感觉系统的信息传回中枢神经系统（传入信号），这些信息既可以来自眼睛、耳朵等专门器官，也可以来自皮肤、肌肉、关节等感觉器。外周躯体神经系统的主要功能是感觉和运动。它将外界环境和个体的运动、位置等相关信息传递给中枢神经系统，并将命令传递给肌肉，使其收缩。躯体神经系统控制的运动功能大多是在自主控制下进行的。例外的是脊柱反射，如膝跳和协调走路等动作中肌肉的对立收缩和放松。

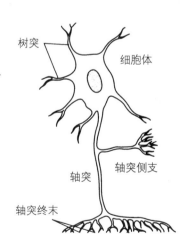

图 2-1　典型神经元示意图

神经信号的传播与电线中简单的电传导不同，它不是沿轴突传播的，而是通过去极化（depolarisation）的方式来传播的，即是钠和钾离子在细胞膜（cell membrane，即轴突的外层）上主动运输的结果。这种神经冲动称为神经元的动作电位（action potential），具有全或无的性质。也就是说，无论刺激的强度如何，它总是具有相同的大小，只要该刺激达到一个阈值，就会产生足够的去极化以启动最小强度的动作电位。大多数神经元之间的"连接"不同于电线的连接，而是通过化学传递的方式连接的，需要经过突触间隙（synaptic cleft）。突触传递比简单的电连接的灵活性更大，也拥有更大的特异性。我们将在后面对其工作原理及重要性进行讨论。

发出指令的司令部

中枢神经系统由大脑和脊髓组成，每个神经系统都由神经元和其他各种组织组成。中枢神经系统的大部分控制和组织功能是由神经元来完成的。关于脊髓，简单地说，它的主要作用是将感觉信息输送到大脑，并由大脑发出运动指令。我们这里将集中讨论大脑本身。图2–2列出了我们在本书中要提到的主要脑区以及它们的一些功能，每个脑区的位置如图2–3所示。

从脑发育的角度可以对大脑进行细分。在胚胎期，大脑首先发育成三个不同的区域，即前脑（forebrain）、中脑（midbrain）和后脑（hindbrain）。在发育的后期，前脑被分为大脑半球和一个区域，该区域将发展成丘脑和下丘脑（hypothalamus）。大脑半球又进一步发展出新皮质（neocortex），它是感觉输入、自主行动和语言等符号活动的区域。杏仁核负责参与动机性的感觉加工；胼胝体（corpus callosum）是连接左右新皮质相应部分的纤维束。丘脑是进入大脑的大部分感觉信息通路的中继站。下丘脑将在后面的章节中出现，因为它在控制动

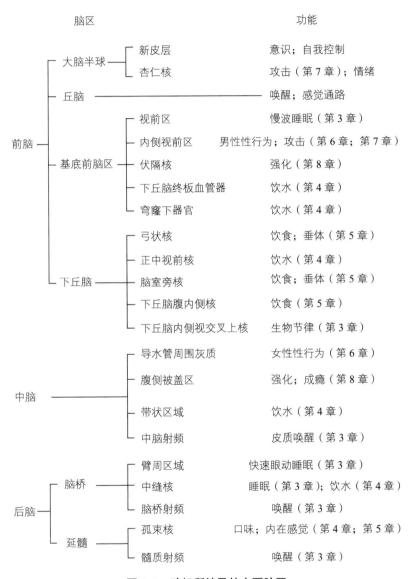

图 2-2　动机所涉及的主要脑区

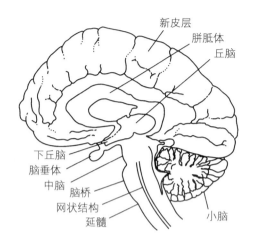

图 2-3　大脑中涉及动机的主要区域

机行为方面非常重要。此外，它还协调自主神经系统的活动，并控制垂体。

除其他结构外，中脑还包含被称为神经元网络的一部分网状结构，它对维持中枢神经系统的兴奋非常重要。此外，还有一些与各种动机行为有关的核团和纤维束，我们将在以后的章节中再谈。

后脑发育成小脑（与运动协调和某些学习有关）、脑桥（包含控制运动的核团，以及来自一些脑神经的感觉输入）和延髓。延髓位于大脑的后半部分，连接着大脑和脊髓，因此，大脑其他部分的纤维在往返脊髓的途中都要经过它。网状结构从中脑延伸到延髓。脑干（brain stem）通常指除小脑以外的所有中脑和后脑结构。

在整个中枢神经系统中央排列着充满液体的管道和腔室。这些腔室被称为脑室（cerebral ventricle）。这个系统充满了液体，其成分与血液中的血浆非常相似，被称为脑脊液（cerebro-spinal fluid，CSF）。这种排列有两个功能。一是，它提供了一个保护性的缓冲，防止大脑在运动过程中受到损害。二是，由于脑脊液与一些重要的大脑结构密切接触，正如我们将在下面看到的那样，它提供了一些激素作用于大脑中枢的方式。

向大脑大多数区域供应血液的毛细血管比身体其他部位的毛细血管的渗透性要差得多。这就产生了血脑屏障（blood-brain barrier）这个新概念。物质通过血脑屏障是一个连续的过程。氧气、二氧化碳和水很容易通过，葡萄糖也很容易通过，钠和钾等离子通过较慢，许多激素和蛋白质通过的非常有限。血脑屏障保护大脑器官不受循环物质的影响。大脑本质上是一个通过突触传递化学信息的神经机器。如果大脑的化学环境不能保持恒定，那么就会造成其活动的大面积中断。

另外两个关于血脑屏障的事实对我们来说也很重要。一是，虽然一些重要的、具有生理活性的物质不能有效地通过屏障，但与之密切相关的物质可能会通过屏障。这意味着一些活性物质的化学前体（precursor）在转化为活性物质后，可以进入大脑并影响其作用。二是，下丘脑及其周围的一组脑中枢被统称为环状器官（因为它们环绕着第三脑室），确实允许其他物质通过，并被认为是在血脑屏障之外。这些器官是下丘脑分泌的激素进入血液的途径。相反，它们本身也会受到循环激素的影响，我们将在第 4 章关于口渴的内容中看到。它们还可能将激素释放到脑脊液中，进而影响其他环状器官。

无所不管的"幽灵"族

自主神经系统协调着对内部环境的控制（见第 3 章），以及那些对生存至关重要的身体功能。它有传入和传出两个部分，并在我们没有意识到的情况下自主运作。自主神经系统的中枢成分在下丘脑、脑干和脊髓中。外周自主神经系统在功能上分为交感神经系统（sympathetic nervous system，SNS）和副交感神经系统（parasympathetic nervous system，PNS）。我们的大部分器官系统都由这两个分支支配（供给），两者的作用一般是拮抗的，例如血管的收缩或扩张状态是由 SNS 和 PNS 的输入动态平衡控制的。这样就可以根据身体的不同需求来匹配资源。例如，SNS 活动能提高心率，降低消化系统的活动，而 PNS 活动则会降低心率，促进消化系统的活动。SNS 活动倾向于让身体做好应对紧急情况的准备，而 PNS 活动则能维持身体的休息状态。

自主神经系统的传入神经纤维将有关器官状态的信息传回中枢神经系统。在那里，它们启动矫正涉及脊髓或下丘脑的反应。下丘脑对 SNS 传入的反应一般是多个器官系统的协调反应，而脊髓的反应往往是单一器官的反应。内脏器官的疼痛信息与大脑皮层中肌肉和皮肤的疼痛没有分开表示。内脏疼痛纤维与进入脊髓的躯体疼痛纤维在同一突触部位发生连接。例如，来自心脏的疼痛纤维与来自左上臂和胸部的疼痛纤维一起进入脊髓，而心脏的损伤就会表现为左上臂和胸部疼痛，这就是所谓的牵涉痛。

几乎所有的 ANS 传出的神经纤维在离开脊髓和到达效应器官之间都有一个突触。SNS 纤维在背侧和腰侧水平离开了脊髓，并传递到靠近脊髓的神经节（ganglion）。因此，离开脊髓的 ANS 纤维被称为神经节前纤维（preganglionic fibre）。在神经节的突触后，神经节后纤维直接传递到效应器官。PNS 的神经节前纤维离开脑干和脊髓的骶部，直接传递到靶器官附近的突触。正如我们将在后面的内容中看到，SNS

和 PNS 对靶细胞的作用取决于节后神经元分泌不同的化学信使。

担当"信使"的化学物质

正如我在前文中指出的，神经元之间的信息传递大多是通过神经突触完成的，一个神经元分泌的化学物质会附着在下一个神经元的受体上。在这些化学突触中，突触前神经元的轴突终端形成终端扣（terminal button），与突触后神经元之间被一条狭窄的突触间隙隔开（见图 2–4）。

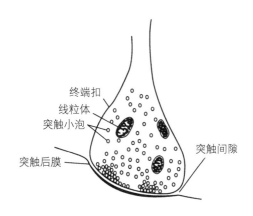

图 2–4　化学突触的简单结构示意图

每个突触后神经元可接受许多终端扣，而这些终端扣可来自许多不同的突触前神经元。突触前神经元包含突触小泡（synaptic vesicle），其中含有一种被称为神经递质（neurotransmitter）的化学物质。当动作电位到达突触时，它会使小泡附着在细胞膜上，并将神经递质释放到间隙中。神经递质附着在突触后神经元膜上的受体分子（receptor molecule）上。这种附着是特异性的，因为神经递质具有与受体分子完全吻合的形状（一种类似于锁和钥匙——配对的机制）。

一旦递质与受体相连，就会改变神经元的极化（polarisation）。如果递质的作用是使突触后神经元去极化，就会增加其放电的概率。这就是所谓的神经元的兴奋作用。相反，神经递质可能会使突触后细胞超极化，使其兴奋性降低，这就是所谓的神经元的抑制作用。突触后细胞是否激活取决于神经的兴奋性和抑制性是否达到平衡。如果有足够的兴奋性受体受到刺激，去极化就足以启动沿突触后神经元移动的动作电位。

在本章开始时，我指出神经系统的活动是快速发动和快速终止。快速发动是源于神经元快速的电传导致神经递质释放到突触间隙中。神经作用的快速终止要求释放到突触间隙中的神经递质不是留在那里继续发挥作用，而是立即被清除。突触前神经元一旦停止放电，突触传递就会停止。第一，神经递质分子重新被主动吸收到突触前神经元中。第二，一些神经递质分子因突触间隙中的酶（enzyme）而失活。

在 20 世纪 40 年代，最早被发现的神经递质是外周胺类乙酰胆碱（acetylcholine）和去甲肾上腺素（norepinephrine）。乙酰胆碱是躯体神经和肌肉之间（肌肉膜上有乙酰胆碱受体）、PNS 节后神经元及其作用部位之间以及 ANS 两个分支的神经节突触中的递质。去甲肾上腺素是 SNS 中的神经节后神经递质，作用于靶细胞上的受体。在 20 世纪 50 年代，人们确定这些化学物质也都是中枢神经系统内的神经递质。在 20 世纪 50 年代到 60 年代，人们又确定了一些胺类的中枢神经递质（如 5- 羟色胺或血清素，以及多巴胺）和氨基酸 [如谷氨酸（glutamate）和 γ - 氨基丁酸（GABA）]。在 20 世纪 70 年代，肽（peptide），如内啡肽（endorphin）被确定为中枢神经递质。其中有些也是激素，我们将在后面提到。

为什么中枢神经系统中要有这么多不同的神经递质？据推测，神经递质如此多样化是为了执行特定的功能。简单来说就是，它允许突触传递非常特异化。神经递质分子有可能从一个突触漏到相邻的一个突触。就功能而言，神经系统的一个重要特征是神经回路；也就是说，大脑一个部分的活动如何影响另一个部分的活动。大脑是一个密集的介质，相距很近的神经元之间未必有功能上的联系，所以神经递质不能从一个回路传递到另一个回路，否则就会影响到"错误"的回路。让相邻的电路基于不同的神经递质传递可避免这种情况。然而，这只是一个简单的解释，很难解释清楚几十种已知的递质。

显然，神经递质确实有不同的作用。比如 γ – 氨基丁酸（GABA）一般是抑制性的，而另一些通常是兴奋性的。大多数神经递质是通过附着在受体上的方式来打开离子进出神经元的通道，从而改变其极化状态的。许多神经递质已经确定了不止一种类型的受体。例如，乙酰胆碱有三种类型的受体，其中两种是兴奋性的，一种是抑制性的；去甲肾上腺素有四种类型；血清素至少有六种类型。此外，一个神经元很可能接受许多其他神经元的输入，由此产生的神经元的极化状态取决于兴奋和抑制作用的平衡。综上所述，大脑功能取决于参与的神经递质和受体的性质以及大脑中突触的位置。

反应迟钝的内分泌系统

激素或内分泌系统通常作为一个缓慢起作用的控制系统来发挥作用。人体内许多地方都产生激素，包括一些被称为内分泌腺（endocrine gland）的器官，它们的主要功能就是分泌激素。激素通常

（但不总是）被释放到血液中，在血液循环中到达目标细胞，在那里它们通过附着在特定的受体（就像神经递质一样）上，使目标细胞发生活性变化。与神经系统相互作用的激素被称为神经激素。这些物质通常与神经自身产生的物质相同，但它们的作用更慢、更持久、更广泛。从大脑发育、身体生长到生殖的许多方面，从日常维持体内平衡到紧急反应，激素参与了生理学的各个方面。大多数激素是肽，少数激素是胺，其他则是类固醇。由于它们的作用模式不同，肽激素和胺激素在几秒钟或几分钟内产生作用，而类固醇则不会在几分钟或几小时内产生作用。相反，一旦激素水平下降，肽激素和胺激素的作用就会迅速反转，而血清素则需要很长时间才能减弱。再加上神经系统的快速反应，为控制身体提供了巨大的灵活性。

内分泌系统工作方式的一个关键特征是负反馈（negative feedback）。当内分泌腺分泌一种激素时，该激素会被传递到目标细胞并产生生理作用。作用的大小又被反馈到内分泌腺。如果作用太小，内分泌腺就会产生更多的激素；如果作用过大，则会减少激素的分泌。这方面的一个例子是身体通过胰岛素控制血糖水平。当血糖过高时，胰腺会分泌胰岛素，导致葡萄糖被从血液中排出。血液中葡萄糖含量的降低导致胰腺减少了胰岛素的分泌。通过这种方式，血糖水平通常可以维持稳定，不会波动太大（见第 4 章）。但是一种激素的作用并不是与内分泌系统的其他部分相分离的，也不是与神经系统相分离的。例如，我们将看到，血糖水平还受到其他激素和 SNS 的影响。此外，在许多情况下，激素自身的循环水平直接或通过下丘脑和脑垂体提供负反馈来控制激素的产生。在本章后面，我们将重点关注那些对我们在本书中所关注的动机状态有重要作用的激素。表 2–1 总结了这些问题。

表 2-1　　　　　　　　　**本书中涉及的激素及其来源和作用**

腺体	激素	作用
脑垂体后叶	加压素 催产素	在劳动和哺乳时维持水和电解质平衡；男女性行为
脑垂体前叶	促黄体生成素 尿促卵泡素	排卵；精子和睾酮的产生使卵巢卵泡发育；睾丸
	催乳素	控制肾上腺素分泌；抑制男性性行为
肾上腺	肾上腺素	激活心血管功能；调节新陈代谢
肾上腺皮质	糖皮质激素（皮质醇）	调节新陈代谢，使肝脏、肌肉和脂肪组织中水与电解质平衡
	盐皮质激素（醛甾酮）	生长和发育；性与攻击性
胰腺	胰岛素	能量存储；细胞摄取葡萄糖
	胰高血糖素	能量释放
卵巢	雌激素（雌二醇）	女性性征分化
	黄体酮	女性性征分化
睾丸	雄激素（睾丸素）	性征分化、性与攻击性
	AMH	男性性征分化
松果体	褪黑素	协调身体节律

人类爱的源头

脑下垂体过去被称为主腺，因为它释放许多激素，这些激素作用于其他内分泌腺，控制它们的激素释放。然而，脑下垂体本身是由下丘脑控制的，这清楚地表明了神经系统和内分泌系统是相互作用的。脑下垂体位于下丘脑的正下方，有三个不同的部分，它们应该被认为是不同的腺体。垂体后腺和下丘脑由相同的组织发育而来，可以看作下丘脑的一个分支。它与下丘脑的视上核（supraoptic nucleus）和室旁核有非常丰富的神经联系。它的主要激素实际上是由下丘脑中的神经元产生的，并沿着它们的轴突运送到脑下垂体，在那里它们被分泌到毛细血管中。这些神经激素是抗利尿激素（ADH）[参与维持水和电解质的平衡（见第 3 章）]，以及催产素（oxytocin，参与哺乳和分娩过程）。垂体前叶不是起源于神经，它与下丘脑之间的联系是循环的而不是神经的。这会产生各种各样的激素，其中大部分激素控制其他腺体。其中促性腺激素（gonadotropic hormone）导致性腺产生激素；促肾上腺皮质激素（adrenocorticotropic hormone,ACTH）导致肾上腺皮质（adrenal cortex）分泌糖皮质激素（glucocorticoid）；催乳素（prolactin）参与生殖行为（见第 6 章）；还有生长激素，但它与我们没有直接的关系。垂体前叶的每一种激素的分泌都受到下丘脑神经元产生的释放和抑制激素的控制，并通过连接到它们的直接血液供应输送到垂体。垂体中叶会产生一种激素——刺激黑素细胞的激素，但对此我们不必担心。

那个只负责让你不死的东西

肾上腺位于肾的正上方。每个肾上腺可看作两个或多或少独立的腺体。中央部分是肾上腺延髓，产生肾上腺素（epinephrine）和少量的去甲肾上腺素（我们之前讲到它是一种重要的 SNS 神经递质）。肾上腺延髓有时被认为是 SNS 的一个组成部分。它的分泌细胞类似于神经节后纤维，即神经元，本身直接受神经节前细胞支配。这种解剖学类比与 SNS 有一个功能上的对应。正如 SNS 服务于身体对紧急情况的快速反应，肾上腺延髓服务于长期的紧急反应。因此，它会增加心排血量，导致骨骼肌血管和肺气道扩张，并增加葡萄糖和其他能量供应分子的释放。肾上腺素和去甲肾上腺素通过不同类型的受体（分别

是 β-肾上腺素能受体和 α-肾上腺素能受体）发挥作用，因此它们没有相同的生理作用。对肾上腺延髓的主要控制是通过 SNS 进行的，虽然它通过肾上腺皮质接收血液供应，而肾上腺皮质释放到这种供应中的激素会影响肾上腺延髓分泌肾上腺素。

冠军的缔造者

肾上腺延髓的周围是肾上腺皮质，它产生大量不同的类固醇激素，可以分为三类。糖皮质激素，主要是皮质醇（cortisol），主要作用于葡萄糖代谢，但也参与应激反应。它们的主要生理作用是支持肾上腺素释放葡萄糖和其他能量来源，促进肌肉对葡萄糖的吸收，从而提供进一步的能量来源。它们还能促进肌肉中蛋白质的分解，从而提供更多的能量。最后，糖皮质激素降低了一些免疫系统的功能，因此它们具有抗炎和免疫抑制的特性。盐皮质激素（mineralocorticoid）主要是醛固酮（aldosterone），通过对肾脏的作用影响电解质平衡（见第 4 章）。雄性激素在靶器官转换为高活性雄性激素睾酮后，与性特征和行为有关（见第 6 章）。在男性中，肾上腺皮质产生的睾酮量与睾丸产生的睾酮量相比微不足道。然而，对于女性来说，大多数参与循环的雄性激素是由肾上腺皮质分泌的，具有显著的作用。

这些皮质激素的分泌是由垂体前叶产生的 ACTH 控制的。促肾上腺皮质激素的产生本身由下丘脑的促肾上腺皮质激素释放激素（corticotropin releasing hormone, CRH）控制。反过来，CRH 的释放又受到来自其他脑区的下丘脑输入的影响。此外，与大多数激素一样，皮质类固醇（corticosteroid）的生产水平是由循环皮质类固醇的数量控制的。因此，升高的血皮质醇导致下丘脑和垂体前叶（两者都位于血脑屏障之外）分别减少了 CRH 和 ACTH 的分泌。

许多合成类固醇已经被生产出来了。其中一些是用于治疗的，因为它们可能比自然产生的类固醇选择更多，效果更好、更持久。雄性激素是一种合成类固醇，这意味着它们有促进生长的作用，包括增肌和提升力量。一些运动员（非法）使用的合成类固醇是一种非天然物质，其使用剂量可能会远远超过类固醇在人体内的正常浓度。长期使用会对肝脏等器官造成永久性损伤，并可能导致过早死亡。

一不小心让你成为"糖人"

胰腺的许多功能都与食物及其制品的消化、吸收以及使用有关。它还产生非内分泌物的分泌物，包括有助于消化的酶。它的内分泌功能是分泌四种激素，我们这里主要关注两种，即胰岛素和胰高血糖素（glucagon），它们是控制碳水化合物及脂肪储存和释放的代谢过程的关键因素。我们将在第 5 章中介绍胰腺的功能以及胰腺激素在饮食中的作用。

女性生育担当

卵巢是雌性的性腺，对雌性的生育施加内分泌控制（第 6 章）。激素是通过周期性发育卵泡而产生的，卵泡还会生成卵子（见图 2–5）。这个周期由一个涉及下丘脑、垂体、卵巢和子宫的反馈回路控制。下丘脑产生促性腺激素释放激素（gonadotropin-releasing hormone，GnRH），它传递到垂体前叶，刺激促黄体生成素（luteinising hormone，LutH）和尿促卵泡素（follicle-stimulating hormone，FSH）的释放。促黄体生成素和尿促卵泡素（FSH）的影响取决于生理周期的阶段。它通常开始于月经结束后的生理周期的第一天，尿促卵泡素刺激卵巢里

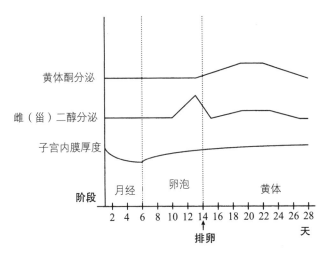

图 2-5 月经期激素和其他变化

的卵泡生长发育，进入卵泡期（follicular phase）。这些卵泡开始分泌
雌激素，特别是雌（甾）二醇，一些分泌到血液中，还有一些保持在
卵泡中。虽然我们还没有完全搞清楚其机制，但是除了一个卵泡之
外，所有的卵泡都会停止生长。对于人类女性来说，血液中的雌激素
水平在第 12 天达到高峰，刺激脑垂体分泌 LutH，脑垂体反过来又会
导致卵泡减少雌激素分泌，并分泌黄体酮。它还能刺激卵泡在第 14 天
释放一枚卵子。排卵时高水平的 LutH 刺激卵泡发育为黄体（corpus
luteum）。黄体分泌大量黄体酮和少量雌激素。这种组合会抑制 GnRH
的分泌，从而抑制 LutH 和 FSH 的分泌。这阻止了卵泡的进一步生长
（也是口服避孕药的基础）。黄体生长 7~8 天后，如果卵子没有受精，
就会开始凋亡，这样在大约 23 天后，血液中的黄体酮水平就会下降。
LutH 和 FSH 在血液中的水平则开始上升，卵泡又开始了一个新的生
长周期。

卵泡期分泌雌激素的另一个作用是引起子宫内膜（endometrium）和子宫组织的生长。这在黄体期会继续进行。如果卵子没有受精，循环雌激素和黄体酮的下降就会导致子宫内膜变性，生成月经。如果卵子受精了，它就会嵌入子宫内膜，形成胎盘，开始分泌促性腺激素。在这一影响下，黄体不会退化，而是会增大，继续分泌黄体酮和雌激素，这可以防止子宫内膜退化，让胎儿继续发育。

男性为什么成为男性

睾丸是雄性的性腺，主要产生雄性激素，特别是睾酮。睾酮合成类固醇，对身体的所有组织都有一定的影响。它负责男性生殖器官的胚胎分化和青春期第二性征的发育。我们将在第 6 章和第 7 章更详细地谈论它与性和攻击性的关系。成年男性睾丸分泌雄性激素由前面介绍过的 GnRH-LutH 过程控制。对于男性来说，GnRH 的分泌是稳定的而不是周期性波动的，这是下丘脑、垂体前叶和睾丸之间的持续负反馈回路作用的结果。睾丸也产生抗缪勒激素（anti-Müllerian hormone AMH），主要阻止男性胚胎发育出女性生殖器。

天然的褪黑素分泌者：松果体

松果体位于脑干和皮层之间，主要在黑暗条件下分泌褪黑素（melatonin）。这种激素的作用是让身体的节律与季节保持一致。在鸟类和一些爬行动物中，光可照到松果体并直接作用于松果体。神经连接可调节光对人类的作用。我们将在第 3 章中介绍褪黑素的作用。

知识提升

　　学习动机的心理生物学需要人类了解控制其身体的两大系统：神经系统和内分泌系统。本章主要介绍了这两大系统的结构与功能。图 2–2 和表 2–1 总结了本书提到的主要相关话题。

第 3 章

难以摆脱的入睡冲动

想要入睡的冲动很大程度上控制着我们每天的生活，这种节律性是动物乃至植物活动的特点。每天在睡着与醒来之间循环是我们最显而易见的节律。但是接下来我们将看到，人体还有其他节律存在。这些节律对心理学而言之所以重要，是因为它们涉及动机行为、情绪状态和认知表现的变化。对于生理心理学家来说，问题在于这些周期的起源是什么？它们是由生物钟驱动的吗？它们如何受到外部事件的影响？它们对日常生活有什么影响？如果它们出了问题或者我们扰乱了它们，会有什么结果？为什么人一生中三分之一的时间都在睡觉？

我们为什么会夜伏昼出

每日的睡眠 – 清醒节律被称为生物昼夜节律（circadian rhythm，即"每一天都如此"）。人类（和大多数其他灵长类动物）是夜伏昼出（在白天活动），而许多其他动物（例如啮齿动物）是昼伏夜出。生物昼夜节律对我们来说最直观的表现就是每天睡眠和清醒的交替。但它远不止于此：睡眠 – 清醒周期的基础是激素分泌和代谢活动的持续变化。后者最明显的表现是体温的每日变化——在 24 小时内的变化约为 1 摄氏度。这与认知能力（如全神贯注的能力）的持续变化相吻合。

当体温最高时，认知能力最高。这种周期的适应意义很明确；它们使动物在需要活动的时候变得最警觉。因此，对于白天活动的动物，温度和警觉性在中午的时候最高，在深夜时最低。夜行动物的情况正好相反。

这些节律的起源是什么？是白天和黑夜的规律交替吗？这种直观的回答是错误的。目前有关将动物或人隔离于正常昼夜循环信号之外的研究证实了这一点。在隔离后的一到两天内，动物和人类通常每天起床和睡觉都会晚一点。这被称为自由运转节律（free-running rhythm），对于人类来说这个周期通常约为 25 个小时。这说明了两点：（1）生理昼夜节律以某种内在（生物性）机制为基础，这种机制类似于一种周期约为 25 小时的生物钟；（2）外部事件（德国人称之为授时因子，指给予时间者）可以调节生理昼夜节律，通常将其维持在 24 个小时。最明显的，当然也是最重要的授时因子（zeitgeber）是光。其他授时因子在仓鼠身上也得到了验证，例如，社会互动、进食和锻炼。人类使用各种各样的信号来形成节律，包括社会互动、进食和闹钟。然而，光具有特殊的重要性，我们后面还会讲到。

如何聪明地倒时差

在工业社会中，我们可能会从事干扰生物昼夜节律的活动。当航班向西飞行时，比如从英国的曼彻斯特到美国的纽约，我们移动到了比出发地日出晚五个小时的时区。从美国的纽约向东飞到英国的曼彻斯特，日出时间则要提前五个小时。在每种情况下，我们的内部节律和授时因子都不是同步的，我们会出现时差反应，包括睡眠障碍和活动能力减弱。从时差中恢复需要内部节律和当地环境重新同步。向西飞行比向东飞行产生的时差反应小，我们会适应得更快。原因在于：（1）向东飞行会导致这个过程中的夜晚变短；（2）为了与新的授时因子同步，我们要在向西飞行时尽量晚入睡，而在向东飞行时则要早入睡。推迟开始睡觉的时间比提前入睡要容易。要完全适应向东飞行导致的时差，每一个小时的时间变化就要用大约一天的时间来调整。

轮班的情况与此类似；与轮到更早的班相比，轮到较晚的班对工作表现的影响要小。差别在于，延后入睡来适应推后的活动模式，比提前入睡以适应提早的模式要容易。要减少轮班的不利影响，最好是一直推后工作起始时间。我们可以提前做好准备，以便将时差影响降到最低；在飞机起飞前的几天，在可能的情况下，逐渐调整起床时间以适应目的地的时区。或者（或同时），清晨暴露在强光下能促进同步过程。使用褪黑素也有助于调整这种变化。

管我们的"七大姑八大姨"

生理昼夜节律并不是唯一影响我们的因素。日内节律（ultradian rhythm，即"多于每日"）每天出现不止一次（也就是说，它们的周期小于 24 小时）。最重要的日内节律是基本的休息 – 活动周期（basic rest-activity cycle，BRAC），其周期约为 90 分钟。这种节律最先是由克莱特曼（Kleitman）在新生儿喂养需求时间表中描述的。它在不同睡眠阶段的交替中表现得尤为明显。从清醒活动中也可以观察到各种功能在强度或频率上的周期，如注意力、饮食和吸烟，以及生理过程，如心率、耗氧量、肌肉张力、胃蠕动和尿液产生等。它的影响并不明显，因为它经常被活动改变和动机变化所掩盖。

亚日节律（infradian rhythm，即"少于每日"）的周期超过了 24 小时。人类最明显的例子是 28 天左右的月经周期。许多其他动物有不同长度的发情周期（oestrus cycle）。另一种非常普遍的节律是年度节律（circannual rhythm）。这清楚地体现在冬眠动物身上，以及动物和鸟类每年的周期性繁殖行为中。现在有一些证据表明，人类身上也有年度节律，如被称为季节性情绪失调（SAD）的抑郁类疾病就是年度循环的。

如果每天 30 个小时会怎样

我们已经看到，当人和动物与授时因子分离时，生物昼夜节律仍然存在（但频率稍低），这表明一定存在某种规定了时间的内在机制——生物钟。穆尔（Moore）和艾克勒（Eichler）、斯蒂芬（Stephan）和朱克（Zucker）发现，下丘脑内侧视交叉上核（suprachiasmatic nucleus，SCN）基部的一个小区域的损伤会破坏大鼠的生物昼夜节律。顾名思义，该区域位于视交叉的正上方，也就是视觉通路中两眼视神经汇合的地方。虽然手术后大鼠的睡眠总量与损伤前相同，但它们的睡眠是昼夜分散的。SCN 病变明确影响了睡眠的周期，而不是对睡眠的需求。

其他研究表明，SCN 是节律性活动的来源，而不仅仅是影响路径的一部分。该区域的细胞代谢率呈现周期性，单独分离出来的 SCN 神经元的电记录持续表现出与明暗周期同步的节律性活动。节律性的细胞起源尚不清楚，可能来自某种蛋白质的合成，该蛋白质在浓度上升时会抑制自身的生成。这种自我抑制机制已在果蝇体内得到体现，并且有一种相关蛋白质的合成直接受到光照的影响，因而可以通过光这个授时因子对合成过程进行重置。穆尔发现老鼠的 SCN 直接从视交叉接收信息。损伤和刺激研究表明，SCN 影响生物节律的周期。这显然就是主要授时因子——光调节 SCN 活动的路径。

回顾一下将人（或动物）与所有授时因子相隔离的自由运转（free-running）实验。如果这种隔离持续几天，很多人会表现出睡眠–清醒和体温周期的内在不同步。具体来说，睡眠–清醒周期趋于延长至约 30 个小时或更多，而体温周期仍维持在 25 小时左右。睡眠–清醒与其他生物周期的内在不同步也会出现在轮班工人的身上。在每天固定时间段被投喂的动物会产生期待，这种期待体现为活动增加。这一效应甚至在将其与环境信息隔绝的情况下也会发生，因此它必然依赖于某些内部时钟。即使 SCN 被破坏了，这种预期效应仍然存在。这些都表明，控制生理节律的时钟不止一个，尽管另一个时钟或其他时钟可能是"从属"时钟，通常由 SCN 中的主时钟控制。

SCN 中的时钟也有助于控制亚日节律，例如，很多动物每年的繁殖季始于白天变长，然后雄性开始分泌更多的睾酮。SCN 的破坏通常会打破这个周期，使动物全年都会产生同样多的睾酮。然而，有些动物个体并没有表现出这些变化。SCN 中的时钟会比较 24 个小时内光照和黑暗的相对长度。尽管这种情况的背后机制尚不清楚，但我们知道松果体会参与其中。在 SCN 的影响下，松果体会在夜间分泌褪黑素。褪黑素反馈至 SCN，同时影响其他控制季节性变化过程的大脑中枢。夜晚变长后，褪黑素的浓度会增加，在某种程度上控制着这些季节性变化。

日内节律似乎也受到一个或多个内源性时钟的控制，已有研究表明，日内节律可能至少受到寻找食物等恒定行为周期性变化的影响。破坏生物节律的 SCN 损伤不一定会影响 BRAC。然而，基部下丘脑其他部位的损伤可能会破坏 BRAC，尽管还不能确定这是否就是时钟的位置，或其他行为影响机制的通路。稍后我们将研究一个中脑区域，这里可能是控制 BRAC 的核心。

我们为什么一定要睡觉

　　直到 20 世纪 50 年代，睡眠还被许多生理学家和心理学家视为一种最低限度的觉醒状态。这符合 20 世纪早期盛行的行为主义视角，即认为动机和情感的主要基础是觉醒。但睡眠太过复杂而不能仅被描述为一种觉醒状态。睡眠显然是必需品；如果我们的睡眠被剥夺，我们就会感到疲倦并一心只想睡觉。在这个程度上，睡眠与其他任何有动机的行为一样，困倦是睡眠被剥夺的主观表现，就像口渴和饥饿一样。然而，睡眠究竟弥补了什么，这个问题很难确定。在接下来的内容中，我们将尝试说明为什么我们需要睡眠，以及如何控制睡眠。

我们是如何知道我们睡着了呢

　　1928 年，伯格（Berger）发现从头皮上可以记录到微小的电信号，并证明这些信号以某种粗略的方式反映了皮层神经元的活动。至此，认为睡眠只是一种低觉醒状态的观点发生了改变。用这种方式记录的结果被称为脑电图（electroencephalogram，EEG），用于记录的仪器就是脑电图仪。这两个术语都可以缩写为 EEG。当我们进行心理活动时，唤醒状态的脑电图显示相对快速的 β 波活动（约 13~30 赫兹），也称为去同步脑电图。当我们闭上眼睛放松但仍保持清醒时，就会出现 α 波活动，或称同步脑电图（大约 8~12 赫兹）。在睡眠中，第 1 阶段睡眠的特征是较慢的 θ 波（3.5~7.5 赫兹）；第 2 阶段睡眠的特征不太规则，在大部分缓慢波形中偶尔爆发出较快的 β 波（睡眠纺锤波）；第3 阶段会显示出高振幅的 δ 波活动（小于 3.5 赫兹）；第 4 阶段 δ 波活动变得更加明显。

入睡并整晚保持睡眠状态的人的 EEG 表现为特征序列（见图 3–1）。通常，一个人在整个晚上都会循环这个序列，周期约为 90 分钟，如图

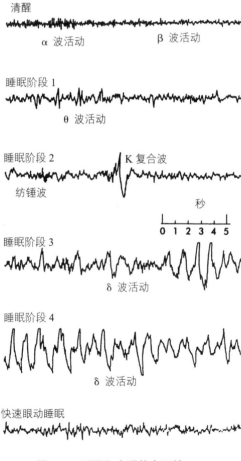

图 3–1　睡眠和唤醒状态下的 EEG

3–2 所示。随着夜晚的推进，用于阶段 4 的时间越来越少，而用于阶段 2 和阶段 3 的时间会越来越长。最初从阶段 1 到阶段 4 可能只需要半个小时。阶段 3 和阶段 4 统称为慢波（SW）睡眠。进入慢波睡眠的过程伴随着心率减慢和肌肉放松。这个 90 分钟的循环是我们前面所描述的 BRAC 存在的第一个证据。

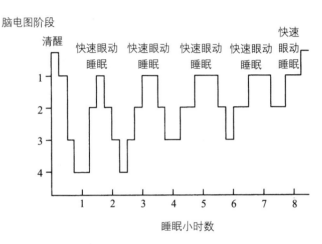

图 3–2　典型的夜间睡眠模式

睡得最沉的时候，到底发生了什么事

第一个周期的阶段 4 结束后，下一个周期的阶段 1 的睡眠几乎总是伴随着快速的眼球运动。这一阶段被称为快速眼动睡眠（rapid eye-movement sleep，REM），与慢波睡眠中躯干肌肉的深度放松有关（尽管四肢和面部肌肉可能会抽搐），但伴有呼吸和心率加快。虽然从阶段 1 到阶段 4 有时被称为"进入更深层次睡眠"，但"深"这个术语对于睡眠并不是很适用。快速眼动睡眠有时也被称为异相睡眠，因为虽然这时的脑电图与清醒时的脑电图最相似，但在这个阶段，睡着的动物总是更难被唤醒，人类也一样。

动物和人类的睡眠一样吗

睡眠显示出清晰的进化模式。昆虫、软体动物、甲壳动物、两栖动物和大多数鱼类都表现出相对不活跃的周期，但脑电图没有变慢。大多数爬行动物都有慢波睡眠，但没有快速眼动睡眠。鸟类和哺乳动物都有这两种睡眠类型，但不同物种在一天 24 小时中用于睡眠的时间比例不同，睡眠中快速眼动睡眠所占的比例也不同。一些鸟类和海洋哺乳动物大脑的一个半球显示为慢波睡眠状态，而另一个半球的 EEG 则显示为觉醒状态。体型大小与 REM-SW 睡眠周期的持续时间有直接关系，小鼠的 REM-SW 睡眠周期为 6 分钟，猫为 30 分钟，人类为 90 分钟，大象为 100 分钟。在快速眼动睡眠期间，对体温的稳态控制会暂停。由于体型较小的动物体重较轻，它们的体温在不受稳态控制的情况下会变化得更快，因此它们不能在快速眼动睡眠中停留太长时间。

为什么年龄越大，睡得越少

对人类来说，睡眠总时间和快速眼动睡眠的比例在出生之前最高，随着年龄的增长而降低。对妊娠 24~26 周（早产 14~16 周）出生的早产儿的研究表明，其睡眠时的脑电图是扁平的，只显示零星的活动。从那时起到 40 周（足月）时，慢波睡眠逐渐增加，直到快速眼动睡眠和慢波睡眠各占每天 16 小时睡眠时间的一半左右。从出生开始，90 分钟的 BRAC 周期与睡眠 – 清醒周期重合，在随后的几个月里，随着婴儿逐渐进入连续的周期中来，BRAC 周期逐渐演变为昼夜周期。在成年期，每天的总睡眠时间也在逐步减少，年轻时平均为 8 个小时，五六十岁时下降到大约 7 个小时。同慢波睡眠一样，快速眼动睡眠的比例也在逐渐下降，从 18 岁时的约 20% 下降到五六十岁时的仅 2%~3%（有些人甚至会完全消失）。

睡觉少会让我们变迟钝吗

要解开我们为什么睡觉这一谜题，一个显而易见的方法就是剥夺动物或人的睡眠，并观察其后果。人们在完全被剥夺睡眠的情况下，对睡眠的渴望会在两三天内显著增加，因此在最初的 48 小时后人们就很难保持清醒了。然而，睡眠剥夺只伴随着很少的生理变化以及有限的认知变化。在限制时间的条件下，要求人们完成推理、空间关系和理解任务，人类的表现通常不受影响。会变差的是涉及警觉或延长注意的任务表现。对警觉任务的影响可通过增加激励来部分克服。人们在经历大约 60 个小时的睡眠剥夺后，有时会出现幻觉。这与精神病无关，因为精神分裂症患者会表现出正常的睡眠模式，他们的症状也不是由睡眠剥夺引起的。这可能是由于睡眠剥夺后出现微睡眠（microsleep）的趋势增加而导致的。也就是说，在努力保持清醒状态的同时，非常短暂的快速眼动睡眠有增加的趋势。在睡眠剥夺刚结束时，失去的睡眠很少能恢复；接下来的两到三个晚上，有 20%~25% 的人会睡得更久，之后睡眠时间就开始恢复正常。然而，在此期间，只有大约 70% 的慢波睡眠和 50% 的快速眼动睡眠得以恢复。

当睡眠剥夺超出了人类能够承受的时长时，实验鼠会在大约四周后死亡。被剥夺睡眠的动物没有表现出任何特定的病理变化，只表现出一般性的变化，这些变化可部分归因于免疫系统功能的缺损，此类缺损通常在长期暴露于应激源后被发现，表现为肾上腺肿大、胃溃疡和内部出血。虽然自愿的睡眠剥夺在人类中从来没有产生过这样的影响，但有一种罕见的病理状态——致命的家族性失眠症，会导致患者在中年时突然停止睡眠。这些人死去时会表现出与睡眠剥夺大鼠相似的一般性生理反应及丘脑退化，其中丘脑退化可能是导致睡眠缺失的原因。

关于选择性剥夺快速眼动睡眠对人类的影响，人们也进行了研究。脑电图显示，一旦人们进入快速眼动睡眠就将其叫醒，对睡眠模式的影响马上就会显现出来。从第一个晚上开始，被试进入快速眼动睡眠的频率会越来越高，一晚上可能增加到 50 次。因此，进入快速眼动睡眠似乎是一种真正的驱力。在剥夺期结束时，被试被允许不受干扰地睡觉，尽管被试睡眠的总时间几乎没有增加，但他们的快速眼动睡眠的时间会是平时的两倍。与一般睡眠缺失不同的是，快速眼动睡眠剥夺似乎没有给被试带来持久的心理影响。

从来都不做梦的人存在吗

克莱特曼于 1961 年发现，在快速眼动期醒来的人几乎总是会报告生动的梦境。而在非快速眼动期醒来的人，要么没有梦的报告，要么报告的梦境是模糊的、容易丢失的。梦是实时进行的：快速眼动期持续 40 分钟，在不同时间点被唤醒的人，会大致准确地报告出他们被唤醒时的梦所持续的时间。那些声称自己从不做梦的人，其快速眼动睡眠时间与其他人的一样，而且当他们在此期间醒来时，也几乎和其他人一样会报告做梦。梦的长时记忆显然不是在睡眠中形成的，所以对于大部分梦，人们在醒来后都回忆不起来了。那些能回忆起来的梦是我们醒来时正在做的梦或刚刚做完不久的梦。外部刺激可以融入梦境。例如，闹钟变成了梦中的铃声。

许多人认为梦具有重要的心理功能，我们睡觉就是为了做梦。这个问题将在本章最后一部分进行讨论。

是什么在控制我们的睡眠

布雷默（Brémer）在 1936 年提出，意识是由散布到大脑皮层的感官输入维持的，而睡眠则是感官输入减少的结果。对猫的脑桥上方的脑干进行横切可以产生持续的睡眠脑电图。对脑干下方的横切并没有扰乱正常的睡眠 – 清醒周期。布雷默认为，区别在于上方的损伤会切断大脑皮层的感觉输入。默鲁齐（Moruzzi）和马古恩（Magoun）证明，刺激脑干网状结构会产生觉醒的脑电图和兴奋行为，而损伤会导致睡眠时间延长。这个网状激活系统（reticular activating system，RAS）现在被认为可以激活丘脑中的细胞，这些细胞通常被投射到大脑皮层，产生警觉脑电图。反过来，大脑皮层将信息传回丘脑的这些部分，形成丘脑皮层回路。这个正反馈系统由各种抑制性连接控制，例如，脑干中缝核（raphé nuclei）。在睡眠开始时，RAS 活性持续降低，直到不能抑制反馈回路，从而导致大幅的、缓慢的、协调的活动，进而阻止刺激加工并带来睡眠。但这一过程为何发生以及是如何开始的，目前尚不清楚，虽然已知它涉及基底前脑的视前区（preoptic area）。此处的病变会导致猫停止睡眠，而刺激会诱发猫的慢波睡眠。因为视前区与 SCN 相邻，正如我们前面所说，这是主生物钟所在的位置，所以很可能来自 SCN 的纤维经由视前区使得睡眠和清醒成为一个生理周期。

入睡后约一小时，RAS 会再次变得活跃，将我们带回更快的脑电图活动和快速眼动睡眠中。位于脑桥臂周区域（peribrachial area）的神经元在快速眼动睡眠前逐渐开始活跃，并在整个快速眼动期极其兴奋。一旦这些神经元细胞受到破坏，快速眼动睡眠就会几乎消失，表明其对快速眼动睡眠有控制功能。这些神经元的轴突连接到不同中心，控制着快速眼动状态的不同方面。那些经过脑桥网状结构、视前区和丘脑的神经元负责警觉皮层的脑电图。快速的眼球运动是由中脑顶盖的神经中枢产生的，中脑也接受来自臂周区域的轴突。传递到丘脑外侧膝状体的轴突控制着脑桥 – 膝状体 – 枕区波（PGO waves）的出现（可在脑桥、膝状体和枕部看到），这些波作为强大的内部刺激，似乎可激发皮层感觉区域的剧烈活动。通过刺激髓质细胞，进而抑制脊髓中的运动神经元，那些在脑桥进入蓝下核（subcoerulear）的神经元就可使肌肉放松。

还有一些关于睡眠控制的化学理论。20 世纪早期的一些实验表明，给未被剥夺睡眠的动物注射从睡眠中或睡眠剥夺动物体内提取的液体，能够使它们进入梦乡。这就导致了一种假设：睡眠源于体内某种化学物质的积累。多年来，人们已经发现了许多可能促进睡眠的物质，包括褪黑素。正如我们所知，褪黑素水平在黑暗中上升，它影响生物昼夜节律；而在其他物种中，它似乎是一种促进周期节律性的活动，特别是在影响性激素分泌的方面。只有浓度高时，它才是一种促进睡眠的物质，已被用于治疗睡眠障碍，似乎有助于将睡眠与日常明暗循环关联起来。认为循环物质不能控制人类睡眠的例证来自韦伯（Webb）对共用循环系统的连体双胞胎的研究，韦伯发现他们入睡和醒来的时间并不一致。

好好睡真的能让人学习更好吗

　　人们提出了许多理论来解释睡眠的功能，主要有恢复说和生理说。恢复说认为，在睡眠中发生了修复过程，或是与学习有关的过程。生理说认为，睡眠是生物体适应昼夜周期的一种方式，为一天中积极寻找食物、配偶等的时间储存能量。这一整体理论的问题是，从体内平衡的角度来看，快速眼动睡眠是不适用这一理论的。正如我已经指出的，此时温度控制停止了。

　　除了整体的恢复性功能外，在上述任何资料中都很难发现非快速眼动睡眠有任何令人信服的功能。一些研究表明剧烈运动能选择性地增加慢波睡眠，但其他研究没有显示出这种效果。霍恩（Horne）和哈利（Harley）认为这种不一致可以用运动对身体的影响来解释。具体来说，提高大脑温度的运动会增加慢波睡眠。他们证明了这一点，因为在没有运动的情况下，头部局部加热会增加随后的慢波睡眠。有趣的是，控制睡眠的基底前脑区域也参与温度调节。此外，其他引起体温升高的情况，如发烧和炎热的天气，也会引起嗜睡。

　　就快速眼动睡眠而言，发展理论强调快速眼动睡眠在发育早期的主导地位，认为它在大脑发育中起着关键的作用，也许是通过促进突触连接发挥作用的。学习理论认为，快速眼动睡眠造成或至少促进了长期记忆的形成。20 世纪早期就有人宣称，学习后睡一段时间可以提高记忆力。然而，这种说法现在需要谨慎对待。一是，睡眠对记忆的明显增强可能是一种被动的结果，因为它减少了后续刺激的倒摄抑制，而不是增强了记忆形成或巩固的主动过程。二是，即使有效，效果也很小。然而，史密斯（Smith）最近的一篇关于老鼠和人类的研究综述得出结论，如果快速眼动睡眠发生在老鼠习得反应后不久的一个短暂"窗口期"内，那么剥夺快速眼动睡眠对老鼠的反应记忆有害。对人类来说，剥夺快速眼动睡眠对外显学习（有意识地学习事实、事件或刺激）没有影响，但会损害内隐学习（不需要努力且不一定能意识到的记忆的形成；例如，一个刺激可能会影响后面的认知任务）。

关于睡眠起源的一个观点现在受到了广泛的关注，那就是睡眠有助于维持和提高突触的效率。罗夫沃格（Roffwarg）、穆齐奥（Muzio）和德门特（Dement）认为，SW-REM 睡眠周期的进化允许神经回路重复激活，即动态稳定。这种激活使得回路发展完善，并为发挥作用做好准备。凯文纳（Kevanau）详尽阐述了这一理论并回顾了其证据。原始动物只需要休息一段时间，包括肌肉张力下降，就可以实现动态稳定。随着大脑在进化中变得越来越复杂，对动态稳定的需求也变得越来越大，需要通过原始（SW）睡眠将大脑与感觉处理隔离开来。此外，恒温动物保持体温的能力的进化，意味着慢波睡眠不足以阻止因动态稳定而导致的更剧烈的肌肉收缩。因此，快速眼动睡眠得以进化，从而积极地抑制了大脑的感觉和运动连接。不同睡眠阶段的脑电图节律表现出不同脑结构的神经回路刺激。例如，位于海马体的快速眼动睡眠 θ 波在早期机制中发挥作用。快速眼动睡眠之所以在胎儿中如此显著，是因为大部分神经回路都是在这个时候形成的。高振幅、低速的慢波睡眠脑电图在皮质关联区反映了相同的过程。

这些理论都不太关注做梦。梦可能只是上述感官激活或记忆巩固过程中毫无意义的副产品。其他人则认为梦是睡眠的重要组成部分。

当然，弗洛伊德和他的追随者们认为个人可以通过做梦（以一种伪装的方式）来安全地表达被压抑的冲动。睡眠很大程度上可以被看作是为这一功能服务的。例如，卡特赖特（Cartwright）认为睡眠的存在是为了让我们在做梦时解决情感问题。既然不剥夺人的快速眼动睡眠就不能剥夺人们的梦，反之亦然。那么，就不可能说明梦是睡眠的关键组成部分，还是仅仅是一种副产品。

知识提升

　　像其他动物一样，人类的行为是有节律的。生物昼夜节律使机体适应昼夜循环，包括新陈代谢和内分泌活动的周期，以及动机行为和认知功能。生物昼夜节律是由下丘脑视交叉上核的一个内部（生物）时钟产生的，自由运转节律表明其周期约为 25 个小时。它通过从视网膜到下丘脑的直接路径与昼夜周期相关联。我们也受到了日内节律（比如基本的休息 – 活动周期，大约 90 分钟）和亚日节律（比如月经周期，大约 28 天）的影响。这些其他节律至少部分独立于视交叉上核的生物钟。睡眠时的脑电图呈现出慢速和快速的循环，周期约为 90 分钟。快速的脑电图阶段与快速的眼球运动有关，也是清晰的梦发生的时间。似乎只有恒温动物才有这种周期性睡眠。对人类婴儿来说，出生前快速眼动睡眠占 24 小时周期的一半，而这一比例在出生后显著下降。除了那些涉及警觉的任务，睡眠剥夺对认知任务几乎没有影响。睡眠是由上行性网状激活系统的活动减少引起的，这使丘脑皮层循环产生了大而慢的活动波。在睡眠中，感觉和运动与大脑的连接受到抑制。睡眠的功能我们尚不清楚。目前的一种理论是，它使大脑"离线"，以便使神经网络的动态稳定（巩固）能够发生。另一些人则认为睡眠的功能是让人们能够通过做梦来解决情感问题。

第 4 章

人体是如何保持最佳状态的

人为什么是恒温动物

动物细胞和器官所处的工作环境只有保持在特定的条件范围内才能发挥其最佳作用。我们的生理机制能够控制内部环境的诸多方面，能够为体内温度、电解质浓度、体液酸碱度（酸度）、氧气水平、组织中的碳水化合物浓度等提供最佳条件。当外部环境发生变化时，躯体所产生的稳定性的生理过程被称为内稳态（homeostasis），这是沃尔特·坎农（Walter Cannon）在 1929 年提出的一个术语。

内稳态通过负反馈来运作。这一系统的运作通常类似于自动调控加热系统的运作。尽管这个比喻不太恰当，但正如我们所看到的，它确实有助于说明负反馈控制的基本原理。

人体的负反馈控制系统

负反馈控制系统的基本特征如图 4–1 所示。

第一，系统变量，即需要控制的属性。在恒温器系统中，系统变量就相当于室温。第二，设定点（set point）是属性的目标值，在这种情况下，它是系统需要维持的温度值。第三，传感器。在本例中，它是某种形式的温度计，以检测和报告系统的当前状态。第四，比较器。

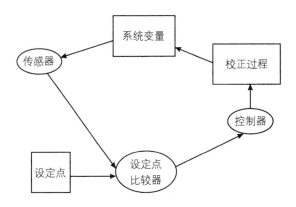

图 4-1　简单的负反馈控制系统

它测试系统变量是否与设定点不同。第五，控制器。它是可启动和停止第六个特征（校正过程）的一种机制。在恒温系统中，它们分别是开关和加热器。通常情况下，传感器、设定点、比较器和控制器会结合在一起。例如，在室内恒温器中，传感器类似于双向金属条，当温度上升和下降时会弯曲，从而打开和关闭加热器。这种控制系统被描述为负反馈系统，因为系统变量的增加会反馈到控制器上，以关闭校正过程。以室内加热器为例，当传感器检测到温度下降到设定点以下时，它就会启动加热器，使温度上升。当温度计检测到温度已经上升到设定点以上时，就会停止加热器。

现在，诸如简单的室内恒温器这样的系统有许多局限性，这些局限性在控制室温方面可能仅仅会导致不便，但在内稳态机制中可能是致命的。第一个局限性是，恒温器的物理性质决定了它们无法精确地维持温度。相反，它们打开加热器的温度总是低于关闭加热器的温度。通常情况下，这种差异很大，你可以通过先打开然后再关闭室内恒温器的控制器来判断，并且你能够在恒温器的不同位置听到打开和关闭开关发出的咔嗒声。在生理系统中，这可能会导致代谢效率发生较大的变化。可以借助连续可变输出的加热器对此进行改进，该加热器是由检测到的温度变化来控制的。这类系统是一种服务系统，保留了基于负反馈工作的本质特征，因此生理控制系统更像是服务器。

简单的自动调控加热系统的第二个局限性是，它只允许在一个方向上进行校正。也就是说，如果温度上升到设定点以上，则无法降低温度。这一点可以通过增加另一个校正过程来解决，如果房间里太热，我们就可以打开空调使房间降温，空调再次作为一个负反馈系统开始运行。这也是生理控制的一个特征。

第三个局限性是，它容易受到部件或部件之间连接故障的影响，如果其中任何一个部件发生故障，那整个系统都将发生故障。解决方案是在控制系统中建立备用的连接，并使每个组件都有一个以上的备用连接，组件之间最好有一个以上的连接。如果校正过程的类型不同，这也是一个优势，能够使系统应对如能源故障这样的情况。依此类推，我们可能会发现，除了开始校正的机制之外，还有停止校正过程的饱腹感机制。这两者都是内稳态系统的特征。

促进体内平衡的内稳态行为

哺乳动物和其他恒温动物（主要是鸟类）能够将体温控制在一个特定的小范围内，这对于体内生化活动以及生理过程而言非常有利。其他种类的变温动物，如爬行类和两栖类动物则无法通过内部机制来调控自身的体温。当环境变冷时，它们的新陈代谢就会减慢；当环境变暖时，其新陈代谢会加速。它们控制体温的唯一方法是运动。为了提高体温，它们会寻找阳光，并调整身体的方向，以最大限度地吸收热量。为了给自己降温，它们会寻找阴凉处。哺乳动物也有这样的行为，例如，哺乳动物通常更喜欢在温暖的环境中休息。一般而言，我们将促进体内平衡的行为称为内稳态行为（homeostatic behaviour）。与体温控制一样，其他生理状态的控制也是通过生理内稳态机制和内稳态行为的结合来完成的。

人体是如何调节体内水分的

就像体温需要维持在一定的范围内一样，我们同样需要控制体内水分的含量。第一，由于某些物理过程（尤其是血液循环）需要将体内的水分含量和压力维持在一定的范围内，因此需要控制体内的总水量。第二，作为生命基础的生化反应依赖于特定浓度范围内的反应物质，就像它们依赖于维持在一定范围内的体温一样。某些躯体活动，包括体温调节、出汗和呼吸，以及尿液排泄等其他过程，都涉及身体水分的净损失。其中有些过程只损失水分（如呼吸），而有些过程则涉及损失电解质，特别是钠离子和氯离子以及水分（如出汗、出血、排尿）。

上述生化过程发生在细胞内，而细胞内液（intracellular fluid）中的电解质必须保持在恒定浓度。此外，细胞内液通过复杂的膜与组织液（interstitial fluid，即直接围绕在细胞间的液体）分离。正如我们在第 2 章中看到的，这些膜包含各种化学物质的受体，但它们也具有半渗透性（semipermeable）的特性。细胞膜有效地阻止了某些无机离子（如钠）的通过，同时允许水分子和细胞代谢的产物自由通过。通常情况下，细胞内液和细胞外液呈等渗（isotonic）状态，也就是说，各种液体保持细胞内外溶质（solute）浓度的平衡。如果细胞内溶质的浓度升高，它将变为高渗（hypertonic），水分就会进入细胞内重新建立平衡。同样，如果细胞内的浓度降低并变为低渗（hypotonic），水分将流出细胞，直到细胞内液和细胞外液再次达到等渗状态。这个过程被称为渗透（osmosis）。

除了允许食物、代谢废物和其他物质（如某些激素）进出细胞外，组织液还具有缓冲作用。它可以立即校正细胞的电解质浓度，使得基本的生化过程可以继续进行。反过来，组织液通过半透膜（semipermeable membrane）与毛细血管中的血浆接触。因此，为了使摄入的水分作用于细胞内液，必须将水分从胃肠道吸收到血液中，并从血液进入组织液。

我们应该清楚的是，体内水分的控制与电解质（尤其是钠）的控制紧密相连。通常情况下，我们摄入的水分和钠离子（主要来自食盐）远远超过了我们需要的。如前所述，我们体内水分流失的方式会涉及电解质的流失。大部分水和钠主要以排尿的方式流失，同时出汗和出血（包括创伤后和月经期间）也会导致损失大量的水和钠。人体在运动过程中以及在环境或身体温度升高时，因出汗而流失的水分也会大幅增加。

蒸发是流失水分而不流失电解质的主要方式。蒸发主要通过呼吸进行，也可以通过皮肤进行。排便也会使水分流失。任何失去水分的过程都不能完全关闭（比如我们要产生尿液才能排出废物），这就意味着需要置换水来维持血量和血压，维持细胞电解质浓度。我们现在必须考虑的问题是：控制这种水置换的机制是什么？在接下来的章节中，我们将探究可能对水和电解质平衡提供负反馈控制的生理机制，并试图确定先前概述的此类内稳态系统的组成部分。然后，我们将研究通过这些机制能在多大程度上解释人类的饮水。

人体是如何防止缺水的

口渴是一种自觉地需要喝水的感觉，只有在身体达到缺水状态时才会出现。我们通常会习惯性地喝水，例如在吃饭时喝水；或者我们预计会有特殊的饮水需求时，例如在炎热的天气里进行运动之前喝更多的水。此外，内稳态过程会严格控制体液与电解质之间的平衡。口渴通常出现在运动后，摄入食盐、利尿物质（如酒精）后或突然失血后。即使在最后一种情况下，人也只有在严重失血后才会觉得口渴，因为失血量约为 10% 的献血者通常不会报告口渴。

前面提到了补充流失水分的两个生理原因：一是维持血容量和血压的生物物理需求；二是维持细胞电解质浓度的生化需求。这两种不同的补水需求表明，可能有两种机制以两种不同的方式来补充流失的水分。水分主要通过水分蒸发和减少等渗液（排尿、出汗、呕吐和出血）流失的。这反过来又为我们提供了两种感觉机制的线索。其中，第一种机制是基于水量的流失，很可能是由失血引起的。

血流多了为什么会口渴

体内血容量损失引起的口渴被称为低血容量口渴，有时也被称为容量性口渴。这是一个独立的系统，通过抽血或向腹腔内注射从血液中提取的血浆物质（胶体）可以证明这一点。在这两种情况下，细胞外液的体积都会迅速缩小。尽管这两种情况都不会改变身体的电解质平衡，但都会导致饮水量增加。失血的直接后果是血压降低和体内血流量减少。人体具有专门的受体来处理这些变化，每一个受体都在低血容量口渴以及血压降低时的即时神经校正中发挥作用。肾脏中的血流受体一旦检测到血流量减少，就会将肾素（renin）分泌到血液中。肾素会启动一系列生化变化，导致血管紧张素（angiotensin）的循环。这具有许多生理作用：它能引起外周血管收缩（vasoconstriction，使血压立即升高），能够使肾上腺皮质分泌激素醛固酮（由肾脏产生盐潴留），刺激垂体后叶分泌血管升压素，从而引起肾脏滞留水分。

第二种降低血容量的特殊受体是位于心脏心房壁的压力感受器（baroreceptor），它们是检测有多少血液回流到心脏的牵张受体。回流的血液量越少，感受器受到的拉伸就越少。长期以来，生理学家一直认为，这些压力感受器与离开心脏的主要动脉中的类似感受器相结合共同控制血压。近年来，菲茨西蒙斯（Fitzsimons）及穆尔－吉伦（Moore-Gillon）的研究表明，减少到达心脏的血液量（通过使腔静脉中的气球部分膨胀，可使血液回流到右心房的静脉）会导致饮水量增加。反之，直接用充气球囊来刺激压力感受器，会导致饮水量减少。化学阻断血管紧张素受体不会影响这些结果，表明其作用与肾脏产生的肾素无关。

为什么咸的吃多了容易口渴

第二个控制体液平衡的生理机制主要基于细胞脱水。随着身体中水分的流失，组织液不能再替代细胞中的水分。这就导致了渗透性（或渗透压）口渴和饮水量的增加。证明这一点的一个简单方法是摄取盐分（例如，吃酒吧赠送的盐渍花生），其结果是组织液中的溶质浓度更高，导致水分从细胞中扩散出来，最终造成饮水量增加（酒吧的营业额也会增加）。

以上描述的过程发生在所有的细胞中，但现在我们已经知道，在大脑的多个部位有一些细胞通过将信号传递给其他区域来对高渗性做出特殊的反应，稍后我们将对此进行研究。早期的研究表明，这些渗透压感受器位于前外侧下丘脑和外侧视前区。然而，最近的研究对此提出了质疑，其他研究表明，渗透压感受器位于下丘脑终板血管器（organum vasculosum of the lamina terminalis，OVLT）的内部和周围，下丘脑终板血管器位于血脑屏障外的室周器官（circumventricular organ，邻近第三脑室）的附近区域。喉咙、胃和肝脏中也有渗透压感受器，它们不会导致立即饮水。相反，它们通过不同的反馈回路运作，释放血管升压素，正如我们已经指出的，血管升压素会导致肾脏中的水分滞留。

复杂的饮水控制机制

我们可以通过自主神经、激素和行为来控制电解质和水分的平衡。控制饮水的神经机制很复杂，至今人们尚未完全了解。图 4-2 是对主要中枢和通路的简化描述。

穹窿下器官（subfornical organ，SFO）是一种室周器官，它的损伤会终止人体对弱高渗溶液的正常饮水反应。正如我们所看到的，OVLT 包含渗透压感受器。这些内脏器官有着丰富的血管供应，并且有效地处于血脑屏障之外。同时它们似乎适应了血液中的激素和高渗反应，刺激肾脏的血流受体后产生的血管紧张素附着在 SFO 的受体上。这些区域通过与大脑其他部位（包括垂体后叶）进行连接，促进了血

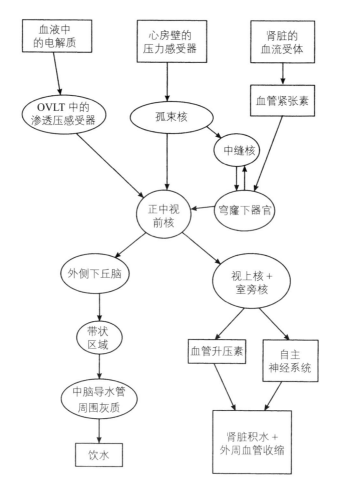

图 4–2　体液控制的主要中枢和机制

管升压素的分泌（这种效果已被留意），以及对下丘脑区域自主神经系统的控制。行为效应似乎涉及一种机制，即来自 SFO 和 OVLT 的轴突终止于正中视前核（median preoptic nucleus，MPN）。MPN 也接受来自心脏心房的压力感受器的直接感觉输入。因此，同样的控制和作用机制适用于容积性口渴和渗透性口渴。

外侧下丘脑和外侧视前区似乎本身并不具有渗透感受性，而是将信息传递给中脑网状结构中的带状区域（zona incerta）。带状区域和许多与控制动机行为有关的大脑结构有关，包括中脑导水管周围灰质。在某些未知的情况下，这会导致饮水行为。

塔纳卡（Tanaka）等人认为，我们在第 3 章中看到的参与维持唤醒的中缝核和 SFO 之间的神经网络在体液控制中发挥着关键作用。血容量减少会刺激臂旁核（parabrachial nucleus，PBN）和孤束核（nucleus of the solitary tract，NST），这两个核都是中枢神经系统接收自主传入神经信息的部位。这些信息将传递给中缝核，中缝核通过血清素与 SFO 联系。反过来，SFO 监测血液中的血管紧张素，并与中缝背核以及血管紧张素能神经元进行交流。

可以看出，控制饮水的机制与体液平衡的自主控制密切相关。此外，这些机制还涉及众多不同的神经结构和神经递质的活性。未来研究需要继续提供有关这些机制的更多细节。

饱腹感机制如何起作用

在上述控制饮水机制的描述中缺少一点，即饱腹感机制。我们所研究的系统在充分改变系统以停止摄入水分之前会有相当大的滞后。例如，摄入的水流经胃肠道重新为细胞外液补充水分前几分钟，个体会不想饮水。尽管如此，人类和动物也只需摄入适量的水来补充体内水分的不足。这种饱腹感机制所在的明显位置是口腔中的渗透压感受器。就像我们主要通过口腔感觉到口渴一样，湿润的口腔表明我们暂时不需要饮水了，即口腔湿润确实能暂时缓解口渴。如果通过手术给大鼠做一个瘘管，在水到达胃之前把水从食管中排出，然后使它口渴并允许它饮水，那么它们润湿自己的嘴巴后就会立即停止饮水，但之后又会感到口渴并迅速摄入大量的水分。如果通过导管将等量的水分直接引入胃，就不会出现这种短暂的停止饮水现象。这表明存在两种饱腹感机制：一种是短期机制，在口腔中最为明显，在胃肠道深处最不明显；另一种是长期机制，是基于喉咙、胃肠道后段和肝脏中的渗透压感受器的。如我们所见，当受到水分的刺激时，这些物质会抑制血管升压素的分泌，将水传递到动物胃肠道的不同位置。水分进入胃肠道越深入，对饮水的长期抑制作用就越大。

不口渴的时候为什么还要饮水

正如我在前面所说的，这些内稳态机制通常不会使我们达到非常口渴的缺水状态。前面的讨论大多是关于这种缺水引起的饮水，但这并不一定能告诉我们，作为人类，我们通常是如何避免陷入极端缺水状态的。摇头丸的主要危害是会导致体内水分和电解质的损失（通过出汗），这是药物摄入者可能无法预料或注意到的。运动员可以使用相同的策略，即饮用等渗饮料来避免这种效应的发生。事实上，我们通常不会等到极度缺水时才饮水。菲利普斯（Phillips）等人的研究表明，在正常的工作生活中，人类可以自由地喝水，但人们所报告的口渴、口干和口味方面的变化与任何相关生理变量的变化无关。

布思（Booth）总结了影响人类饮水的因素。饮水具有正向激励性。也就是说，这样做很好，我们才会这样做。通常，我们喝饮品是因为我们所喝的液体可以将其他物质（如酒精或咖啡因等活性剂）带入体内，或者仅仅是因为饮品的味道很好。随着躯体水分匮乏程度的增加，以及随之而来的口渴，我们更喜欢味道较淡，如糖、盐等浓度较低的饮品。相反，关于人类在脱水条件下的研究表明，如果现有的饮品很难喝，人们将不会喝大量的饮品来重新补充其组织的水分。饮用量也受到饮品温度的影响，因此任何饮品都有一个特定的温度范围，以提供最大的饮用动机。这个最佳温度取决于各种感官因素（例如，许多白葡萄酒低温下口感更好，红葡萄酒则在高温下更好）以及文化因素（布思认为英国人喝啤酒的最佳温度高于美国人）。最后，摄入饮品会受到社会因素的影响，当喝某一饮品的人越多时，个体喝这一饮品的欲望就会越高。更重要的是，当在社交场合喝饮品时，我们经常会选择含酒精的饮品。酒精本身就是一种利尿剂（会导致排尿量增加），它会刺激我们进一步摄入饮品以补充额外流失的水分。

知识提升

　　内部环境通过内稳态的生理过程维持在最佳状态。内稳态通过负反馈来运行，对体液的平衡控制，以及其他基于生理的动机的解释，都是基于相同的原理。饮水是血容量减少或电解质平衡改变的结果，其控制机制既有外周成分也有中枢成分，而且是基于大量的神经递质。这些机制高度冗余，并与自主神经和内分泌系统协同工作，以维持体液和电解质的稳态。饮水也受到饮食的刺激，并且和其他情况一样，受到学习的影响，所以饮水通常是由实际的组织缺陷引起的。水分具有正向激励性，饮水受到各种感官、社会和文化因素的影响。

第 5 章

我们吃饭仅仅是因为饥饿吗

Chapter 5

吃饭是一种本能

食物能够满足人体的多种需求。三种主要的食物成分［大量营养元素（macronutrient）］包括碳水化合物、蛋白质和脂肪，每一种都能给人体提供能量。此外，食物也可以为人体提供多种其他营养物质。蛋白质提供组织的关键组成部分——氨基酸，而其中一些氨基酸是人体无法合成的。脂肪（一般指脂类）在许多生理过程中也很重要，并且有些脂肪（必需脂肪酸）无法在体内合成。大多数维生素以及所有对身体正常运作至关重要的矿物质，也必须从食物中摄入。在消化过程中，食物会被通过机械和化学方式分解为更简单的物质，这些物质可被小肠吸收并被身体细胞利用。

我们需要的能量来自哪里

人体组织从葡萄糖或游离脂肪酸的代谢中获取大部分能量。人体对能量的需求是连续的，但食物的摄入并不连续，所以摄入的食物中的大部分能量被储存起来了。进食前、消化过程中（胃和肠道分泌胃肠激素的结果）和吸收过程［血糖升高刺激肝脏中的葡萄糖受体（glucoreceptors）］中，胰腺会释放出胰岛素。在其代谢作用下，胰岛素使葡萄糖以更复杂的分子——糖原（glycogen）的形式储存在了肝脏中。当组织使用循环葡萄糖时，另一种胰腺激素——胰高血糖素会使糖原重新转化为葡萄糖，并释放到血液中。血糖水平通过这些激素提供的动态负反馈回路被维持在相当狭窄的范围内。

摄入的能量中只有一小部分（约 800 卡路里）以这种立即可用的方式储存，大部分储存在肌肉中，但也有一部分储存在肝脏中。大部分葡萄糖在肝脏和脂肪组织中转化为脂肪酸，进而转化为脂肪。这些脂肪大部分都可以长期储存在脂肪组织中，在体重正常的人身上，这大约相当于 140 000 卡路里。所有这些储存过程都是由胰岛素促进的，当肝脏中的糖原水平下降时，这些储存的脂肪就开始被调动，在胰高血糖素的再次影响下，转化为脂肪酸和葡萄糖。

人体是怎么控制饮食的

大多数关于饮食控制的研究都与控制能量供应有关。当我们感到饥饿时就需要吃饭，就像缺水表现为口渴一样，饥饿表示我们体内食物不足。我们将由浅及深地探讨饮食控制中涉及的机制。

进食是因为胃收缩吗

坎农（Cannon）和沃什伯恩（Washburn）1929 年提出了第一个饥饿理论。在进行记录胃运动的实验后，他们得出了结论：胃内缺少食物时，胃收缩发出饥饿信号，进食开始。当有食物到达胃时，胃就会停止饥饿导致的收缩。然而，这一解释并不充分。第一，通过手术切除人的胃并不能阻止饥饿感的出现，并且患者可以通过少吃多餐来维持正常体重。第二，切断胃和中枢神经系统之间的神经不会影响食物的摄入量，也不会增加个体的饥饿感。

大脑里有控制进食的中枢吗

迈耶（Mayer）提出了葡萄糖恒定理论，他指出开始进食的信号是血糖水平下降至设定点以下。当血糖水平再次上升到该点时，进食就会停止。在各种情况下，血糖水平的传感器都被认为是大脑中的葡萄糖受体。注射金硫葡萄糖可以破坏大鼠体内的此类葡萄糖受体。这种金硫葡萄糖会与受体结合，然后通过神经毒性杀死这些受体，最终导致大鼠食欲亢进（hyperphagia），大鼠会不停地进食直到变得非常肥胖。随后对大鼠脑组织的检查显示，被破坏的细胞位于下丘脑腹内侧核（ventromedial hypothalamus，VMH）。迈耶将该地区标记为饱食中枢（satiety center）。对该区域患有肿瘤的人进行的临床研究确定了其中有饱食中枢，这些患者可能会出现食欲亢进的症状。

如果大脑中有一个饱食中枢，那么是否也有一个控制进食的中枢呢？阿南德（Anand）和布罗贝克（Brobeck）的研究表明，外侧下丘脑（LH）的双侧病变会让人出现吞咽困难，他们认为这是一个控制进食开始的进食中枢。随后的研究表明，电刺激外侧下丘脑可以产生进食。此后，在 20 世纪五六十年代，关于进食控制的主要观点集中在双中心设定点模型上。简而言之，当 LH 进食中枢受到刺激，血糖水平下降到设定点以下时，进食将开始；当 VMH 饱食中枢受到刺激，血糖水平上升到设定点以上时，进食将停止。其中，饱食中枢的作用是抑制进食中枢。

然而，这一理论也存在一些问题。经过仔细研究动物在 VMH 病变后的行为，人们发现其结果并不是简单的无休止的过量进食（见图 5–1 ）。

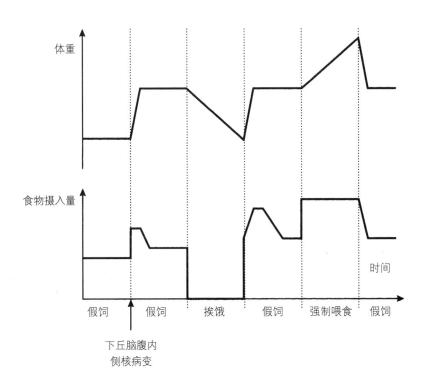

图 5–1　下丘脑腹内侧核损伤后采取各种操作时大鼠的食物摄入量和体重

通常情况下，在 12 天左右的时间里，动物的食物摄入量大幅增加，随后又恢复到近似值。此后，体重维持在一个新的更高的水平，但食物摄入量仅略高于正常水平。如果大鼠在这一阶段挨饿，其体重就会下降；但是当让大鼠再次自由进食时，它会大量进食，直到体重再次稳定在较高的水平。相反，强制喂食后会减少大鼠的进食行为，直到其体重重新稳定。有趣的是，这些结果取决于提供给动物的饮食不仅要营养丰富，还要美味可口。如果提供给动物的食物适口性较低，那么食欲亢进的现象就会减少，渐增的体重也不会比未受过控制的动物高很多。所以，VMH 病变并不妨碍对食物摄入量的控制，它们可能会导致体重增加。这似乎是 VMH 病变对介导 PNS 控制胰腺激素分泌的通路造成损害的结果。这其中有两个影响：它增加了胰岛素的分泌，使更多的能量以身体脂肪的形式储存起来；减少了胰高血糖素的分泌，使储存的能量不易获得。

正如我们在第 4 章中讲到的，LH 的病变和刺激，不仅使进食产生了变化，也使饮水方面产生了变化。此外，泰特尔鲍姆（Teitelbaum）和斯特拉尔（Stellar）的研究表明，只要通过胃管给大鼠喂食和饮水，使其能够存活，大部分 LH 病变的大鼠会重新开始进食和饮水。正如 VMH 病变的大鼠会将体重稳定在一个新的、更高的水平，LH 病变的大鼠会将体重维持在一个较低的水平。强制进食和饥饿，以及食物适口性的变化，在病变大鼠和对照组中的差异并不显著。因此，尽管 VMH 和 LH 的中枢明显可以控制饮食，但是必须有其他控制机制在必要时接替其功能，并确实可以与它们并行运行。

胃肠道如何影响饮食行为呢

20 世纪七八十年代，对双中心设定点理论的怀疑推动了对胃肠道作用展开新的实验。众所周知，胃能提供饱腹感信号，因为将食物直接注入饥饿的实验动物的胃中，它们就会停止进食。假饲（Sham feeding），即动物被给予瘘管，阻止食物到达它们的胃部，导致动物大量进食。通过将食物直接注入胃中可以停止这种假性进食。相反，从胃中取出食物会使动物再次进食。起初人们认为，这表明从肠道吸收到血液中的营养物质引发了饱腹感（与葡萄糖恒定理论一致），或者是某种直接的感觉信号（可能是胃中的牵张受体）具有这种作用。但是，这些并不是唯一的机制。首先，阻止食物从胃中通过并不能阻止饱腹感机制；其次，进食后胃里的压力并没有增加；最后，胃的去神经支配并不会让进食行为停止。

是什么在控制我们的体重

在过去的 15~20 年里，人们逐渐认识到控制进食的生理机制是多重的和复杂的。详细说明这些复杂性超出了本书的范围，而且研究的速度如此之快，即使总结也很快就会过时。我将描述当前正在研究的某些系统，而不会试图说明它们如何相互作用来控制饮食。

肽（比蛋白质小的氨基酸链）是胃和肠道内膜的内分泌细胞对食物作出反应时产生的。这些肽包括胆囊收缩素（cholecystokinin，CCK）、胰岛素和铃蟾肽，甚至可能还有其他肽。这些肽具有产生饱腹感的外周和中枢作用。向大鼠和人类外周注射 CCK 会导致他们停止进食。CCK 的这种外周作用是由迷走神经（vagus nerve）的自主神经传入介导的。铃蟾肽也有外周作用。它的作用不会因切断迷走神经而降低，但会因为肠道与中枢神经系统的完全分离而减弱，表明铃蟾肽可以作为下部肠道的饱腹感信号。胰腺对食物产生反应后也会分泌肽（如胰淀素）。这些肽也通过刺激肠道的传入纤维起作用，并直接作用于中枢神经系统。伍兹（Woods）等人已经证明胰腺胰岛素能穿过血脑屏障，并附着在下丘脑的受体上。然而，查普曼（Chapman）等人的研究表明，胰岛素在短期内对人的饥饿感和食物摄入没有影响，并且其长期影响可能是其对葡萄糖的代谢作用的继发作用。肠道的自主传入神经在 NST 和 PBN 处进入中枢神经系统。在这些地方发现了高浓度的 CCK 和其他肽，它们似乎在这些地方作为神经递质发挥作用。此外，NST 也接受口腔内感觉系统的输入，并具有延伸到 VMH 的轴突。

肽也参与摄食行为的开始。神经肽 Y（neuropeptide Y，NPY）存在于大脑的许多部位，特别是在脑室旁核（PVN）和下丘脑的其他部位，以及 NST 和 PBN 等脑干区域。将 NPY 注射到下丘脑中可使饱食的大鼠开始进食。然而，其作用尚不清楚。佩德拉兹（Pedrazzi）等人的研究表明，在大鼠体重增加的早期阶段，自由摄入多样化和高适口性的饮食后变得肥胖的大鼠，其 PVN 中的 NPY 增加，但随后又恢复正常，而体重则会继续增加。在相同条件下，未变胖的大鼠表现出正常水平的 NPY，但弓状核中的另一种肽——甘丙肽含量增加。弓状核向 PVN 发送纤维，可能是利用甘丙肽作为神经递质。

因此，体重的生理控制似乎是在神经递质、激素、外周化学和感觉因素，以及脑核复杂的相互作用下进行的。此外，正如我们前面所讨论的 VMH 病变的长期后果所表明的那样，很明显，有各自独立但又相关的控制系统在控制摄食和体重。对扎克大鼠进行的实验进一步表明了这一问题的复杂性，扎克大鼠携带了一种导致食欲亢进和肥胖症的基因。科尔（Cole）、伯曼（Berman）和博德纳（Bodner）指出，基于阿片类药物（opioid）、去甲肾上腺素、多巴胺、NPY、5-羟色胺、组胺、甘丙肽和 CCK 的系统都被证明了与这些动物变得肥胖有关。

那些影响食欲的心理因素

考虑到其他影响因素进一步增加了生理机制中饮食控制的复杂性，我们接下来将重点讨论这个问题。

适口性对饮食的影响

第一个明显的因素是食物的适口性。当食物的味道很好时，与通过添加奎宁等使其变得不那么可口的食物相比，人类和其他动物会更容易进食，并且还会吃更多的食物。即使是因 VMH 病变而食欲亢进的大鼠也不会吃较多不可口的食物，并且会稳定保持较低的体重。我们使用与前面饮水的章节中相似的术语，即食物也具有正激励值，更适口的食物激励值更高。相反，在剥夺条件下，适口性会增加。卡帕尔迪（Capaldi）指出，这种适口性无法同样扩展到其他不同的食物或口味。具体来说，有证据表明，在食物极度匮乏的情况下，人们对甜食的偏好会下降，甜食的适口性降低，而咸味食物的适口性则上升。阿片拮抗剂的使用降低了人类对食物的愉悦度，马格宁（Le Magnen）认为，进食的奖励特性源于下丘脑内源性阿片肽的释放。

感官特异性饱腹感

当持续吃某种特定的食物时会产生以下几种情形：在摄食过程中进食速度逐渐减慢，随后适口性在长达一小时的时间里降低；当人们有选择时，再次选择同一种食物的可能性降低。这些影响都是针对所吃的特定食物的，被称为感官特异性饱腹感（sensory-specific satiety）。这一点可以在进餐时观察到：你已经吃了足够多的主菜，感觉完全饱了，可能无法吃完这道菜，不过你仍然可以找到吃甜点的"空间"，即使这个甜点可能比你已经吃过的食物含有的卡路里和碳水化合物更多。

以大鼠为实验对象的实验已经证明，假饲的动物会出现感官特异性饱腹感。因此，感官特异性饱腹感并不依赖于摄食后的因素，也就是说，不依赖于吸收任何营养物质。此外，它显然是对食物味道的反应，而与食物的营养特性无关。因此，它必须以食物的感官特性为基础。唯一可以通过味觉检测到的常量营养素是糖类，脂肪和蛋白质明显的独特味道来自食物中与它们相关的分子。在其他营养素中，只有盐与特定的味觉相关。然而，感官特异性饱腹感的适应性功能可能是为了促进饮食的多样性。由于食物中的味道和营养成分通常是相关的，因此感官特异性饱腹感提供了一种机制，即它将在一定范围内确保各种营养的摄入。

感官特异性饱腹感是非联想学习过程的一个例子，被称为习惯化（habituation）。重复或持续呈现相同的刺激会导致对该刺激的行为和生理反应降低，但当刺激改变时，反应又会恢复。罗尔斯（Rolls）表明，最初被认为对食物有反应的 LH 细胞实际上对食物的激励特性有反应，参与或至少反映了感官特异性饱腹感的过程。也就是说，尽管在刚吃完食物的情况下，它们的活性下降了，但对不同的食物、对不同食物的视觉呈现和对食物的适应性激励仍然有活性。

对食物的偏好是如何形成的

新生儿对进入口中的甜、酸、苦以及可能的咸味表现出独特的面部反应，尝到酸味和苦味时，会有从嘴巴吐出东西的动作反应。新生儿还表现出味觉偏好，当给他们喝甜味的液体时，他们的吸吮速度会加快，摄入量会增加。大多数关于新生儿味觉反应的研究表明，新生儿对盐分没有特定的反应，在偏好测试中，婴儿似乎对咸味无动于衷。有充分的证据表明婴儿对酸味液体有厌恶反应，也有些婴儿对强烈的苦味有厌恶反应。有人认为，这些反应是为了防止食用可能有害的物质而进化来的，例如许多毒药都有苦味。同样，有人认为，甜的食物可能很好吃。除此以外（部分基于此），动物和人还学习了哪些食物好吃，哪些食物不好吃。例如，在出生后的六个月里，人们对咸味的偏好有所发展。

尽管有证据表明，其他物种会在产前对某些食物产生偏好，但人类在出生后不久就开始了对味觉偏好的学习。研究表明，早期钠缺乏会导致儿童长大后更喜欢吃咸味食物。母亲吃的食物的味道会转移到她的乳汁中，对动物和人类进行的研究都表明母亲会影响后代的食物偏好。这可以解释为幼年哺乳动物学习哪些食物是好东西的一种方式。

联想学习的原理为解释食物偏好提供了最有力的依据。除了上述简单的直接品尝外，我们也将介绍食物偏好存在的另外两种主要方式。口味学习（flavour-flavour learning）的结果是将一种新的口味与已经受到人们喜爱的口味联系起来。最明显的例子是将味道与先天喜欢的甜味相结合，这已经在许多对动物和人类进行的实验中得到了证明。例如，在一项人类的研究中，相比那些没有加甜味的茶叶，被试对加了甜味的陌生品种茶叶表现出更多的偏好，甚至在随后尝试不加糖的茶叶时，这种偏好仍然存在。这表明该偏好已经把茶叶的味道和先前偏爱的甜味联系起来了，即这种偏好是通过将茶叶的味道与先前偏好的甜味联系起来而获得的。

食物偏好存在的第二个方式是味道－营养学习，即通过将一种味道与其他一些具有营养特性的食物配对来建立新的偏好。例如，斯克拉法尼（Sclafani）和尼森鲍姆（Nissenbaum）在一项大鼠实验中证明了这一点。他们给大鼠喝两种不同口味的水，并且在大鼠每次喝一种特定口味的水时，将一种营养液直接送到大鼠的胃里。四天后，当大鼠在两种口味之间进行选择时，它们选择了与之前的营养液成分相关的口味。可见，这些动物已经知道了哪种口味表示营养食物的供应。

我还要再提一个非常重要的饮食学习来源，它受到的研究关注较少，那就是父母的直接影响。我们发现，不经过学习就能吃到的"最好吃"的食物是甜食，而"健康"的食物则不那么可口。因此，健康的饮食必须建立在学习的基础上，而这种学习大多发生在家庭中。伯齐（Birch）和费希尔（Fisher）指出，在家庭中，这些不那么可口的食物更多是与消极影响（强迫、威胁或实际惩罚）而非积极影响联系在一起；本来可口的食物（如高碳水化合物）通常与脂肪结合在一起，并且总是出现在令人愉悦的环境（聚会、点心等）中。这使得孩子很难学习到健康的饮食习惯，特别是当它与恐惧症，即不信任新的食物结合在一起时。这在儿童和其他物种中很常见，大概他们将其当作了一种保护性手段。

我们是如何学习什么不能吃的

我们可以通过条件性厌恶（conditioned aversion）的过程或味觉厌恶学习来学习什么不能吃。例如，在早期的一项研究中，加西亚（Garcia）和科林（Koelling）给大鼠摄入糖精，然后给它们注射锂盐，这一操纵会引起大鼠不适（可理解为恶心，锂会引起人类恶心）。仅仅经过一次这样的经历，大鼠就学会了不喝糖精溶液。而遭受与糖精相关的电击的大鼠并没有学会避免喝糖精。厌恶感可以通过特定的味道，或者特定食物的气味、视觉刺激，甚至是想法来调节。许多人会对那些使他们生病或与疾病有关的食物产生厌恶感。因此，条件性厌恶的意义在于，曾经使动物患病的食物很可能会使它们再次生病，因此它们必须避免再次接触。

条件性厌恶与经典条件反射（巴甫洛夫）有一些相似之处。厌恶反应表现出对相似口味的泛化，与条件口味越不同，反应就越弱。厌恶性反应在重复的、非强化的原始食物出现后就会消失。然而，它也表现出与经典条件反射的重要区别。厌恶性反应是在单次实验中形成的，这对经典条件反射来说并不常见。在经典条件反射中，反应逐渐与条件刺激形成关联。当食物和病症的时间间隔（长达 12 小时）较长时，条件性厌恶也会发生。在经典条件反射中，通常几秒钟的延迟就能阻止条件反射的形成。这些差异使 20 世纪 60 年代的学习理论家不愿意接受加西亚的结果，但也认为条件性厌恶所发挥的保护作用是至关重要的。一只动物无法学会通过将食物和疾病匹配来避免有毒食物，需要在一次实验中进行学习。同样，有毒食物的不良反应通常会延迟数小时。

条件性厌恶通常被认为是一种与经典条件反射不同的机制。加西亚、汉金斯（Hankins）和鲁西尼亚克（Rusiniak）认为，它是基于 NST 和 PBN 中的简单神经回路，正如我们所看到的，它们是内脏和味觉传入的汇合点。然而，研究已经证明，切除大脑半球的大鼠（切除大脑半球的动物）不能形成条件性厌恶，因此，新皮质的介入似乎是必要的。

我们如何决定何时吃饭

我们也要学会何时吃饭。人类倾向于在一天的固定时间点吃饭。大鼠可以很快学会将一天中有规律的时间与进食行为联系起来，并在预期的时间分泌胰岛素。当大鼠被训练为将食物的可得性与声音刺激联系起来时，如果这些刺激重复出现，甚至当食物在刺激之间连续可获得时，那么大鼠也会摄入更多的食物。如果人在一天中不知道正常的时间（见第 3 章），那么往往会改变饮食模式，变为少食多餐。因此，进食行为（或饥饿）是由内在生理节律和与日常活动相关的外部刺激，以及诸如陶器和餐具的声音之类的特定刺激触发的。

显然，我们可以从上述的所有情况中得出结论：生理控制过程不仅是多重的，而且它们与各种学习因素和其他心理因素相互作用，并可能被这些因素取代。人类能够超越生理饥饿机制的一个极端例证是，人们有可能把自己饿死（例如绝食）。在后续章节中，我们将讨论人类摆脱生理机制约束的其他例子。

我们为什么会变胖

肥胖——遗传和社会文化的双重影响

我们是否将某人描述为是肥胖的，通常取决于贴上这一标签的原因。一般来说，"肥胖"一词可以简单地用来指身体脂肪超过平均水平。尽管最近人们对该结论所依据的研究的质量和一致性提出了质疑，但人们普遍认为，过度肥胖，即医学意义上的肥胖对健康有害，会导致多种疾病，特别是心血管疾病。除此以外，肥胖也可以从文化上来定义，也就是说，如果一个人的体脂超过了他所处的社会环境认为的美学上可接受的范围，则可能被描述为肥胖。在本节中，我们不关注这些区别，而是研究导致个体间体脂差异的因素。在本书中，对于"肥胖症"一词，我们使用上文的一般定义，即指具有超过平均水平的体脂。

肥胖主要是由摄入的卡路里多于消耗的卡路里造成的。然而，除了这种简单的关系外，还有大量潜在的因素导致了这种不平衡。正如我们所看到的，一个明显的因素是西方社会很容易获得高适口性的加工食品，这显然会增加卡路里的摄入量，并可能改变设定点，使体重稳定在较高水平。但这并不是唯一的解释，并非所有接触这种潜在饮食的人都会变得肥胖。在某些发达国家（例如美国和英国），肥胖症的发生率比其他国家更高，即使其他国家的平均卡路里消耗量实际上更高（例如丹麦）。

学习是一个毋庸置疑的影响因素。许多家庭的孩子受到鼓励或者被迫吃下放在他们面前的所有食物，这可能导致摄入的热量超过他们所需的热量，并最终可能成为他们的一种习惯模式。将饭菜分成多道菜的做法会使这种情况变得更加严重，这为感官特异性饱腹感提供了总卡路里摄入量增加的机会，尤其是当进餐时一直保持着高能量食物摄入直至用餐结束。高能量食物（即每单位重量卡路里含量高的食品，通常是脂肪类食物）是非常有价值的，特别是当它们是甜食的时候。正如我们前面所看到的，甜味与许多高脂肪含量加工食品的关联是对这些食物的学习偏好的基础。许多肥胖的人，以及其他沉迷于暴饮暴食的人都表现出对这种高能量食物的偏好以及渴望，但最近的研究表明，他们对低脂肪的甜食并没有这种偏好。德鲁诺斯基（Drewnowski）等人通过使用阿片受体阻断剂表明，这种偏好是基于内源性阿片回路（可能是 β - 内啡肽）的。这可以解释食物被用来提升情绪时与"舒适饮食"有关的现象，也使我们能够讨论食物成瘾现象了（详见第8章）。

体重控制当然也涉及遗传因素。1986年，斯顿卡德（Stunkard）等人的研究表明，在婴儿期被收养的个体的体重与其亲生父母的体重之间的相关性远高于与其养父母体重的相关性。小鼠和大鼠的品系具有肥胖的遗传易感性。虽然这些特定品系的啮齿动物即使在标准的实验室饮食下也会出现肥胖现象，但其他种类的啮齿动物在肥胖的易感性上表现出了个体差异，这种差异只有在它们被给予高热量或不同的饮食时才会表现出来。人类肥胖的遗传基础很可能属于后一种类型，这取决于个体所处的特定的家庭、社会和文化环境。人们的代谢效率明显不同，大多数人对卡路里摄入过多的反应与过于肥胖的人不同。在一项研究中，西姆斯（Sims）和霍顿（Horton）每天给正常体重的囚犯提供数次不同的、非常可口的、高热量的食物，所有被试的热量摄入都会大幅增加，有些人的食量甚至是久坐者的两倍多。尽管如此，他们的体重也只是增加了一点，在实验结束时他们又恢复到平时的饮食和以前的体重。

肥胖的部分原因是遗传因素，因此肥胖对健康的影响很难通过治疗解决。无论采用哪种方法，从减少卡路里的饮食，到通过手术去除脂肪和缩小胃，减肥都很难长期维持。另一个肥胖的因素被称为"溜溜球"效应，即严格限制热量摄入后出现的新陈代谢效率提高，这已在动物实验和人体中得到证实。在一项相关的研究中，布劳内尔

（Brownell）等人以高热量、可口的食物喂养大鼠，直到大鼠变得肥胖（大鼠平均需要 46 天才能达到肥胖的标准）。然后，让实验大鼠接受饥饿操控，直到它们的体重恢复正常，之后再次给大鼠喂食高热量的食物。这一次，大鼠变得肥胖仅用了 14 天。这意味着它们的新陈代谢效率提高了，因此更多的能量以脂肪的形式储存了下来。同样的过程也可能发生在通过限制卡路里来减肥的人身上，这使他们很难避免再次发胖。

为什么食欲旺盛却吃不下

神经性厌食症（anorexia nervosa）这个名字通常是不恰当的，因为它的字面意思是缺乏食欲。大多数患者实际上对食物有欲望（甚至对食物非常感兴趣）。马克思（Marx）1994 年总结了神经性厌食症的病因学理论，从 20 世纪初存疑的观点（即它是由脑垂体前叶活动不足造成的）到 20 世纪中叶占主导地位的心理动力学理论，再到最近的方法论，种类繁多，范围广泛。这些方法表明了社会、家庭和个人因素的多样性，它们容易使个体患病且病程持久。

许多研究报告指出，厌食症患者存在特殊的生理变化或异常状况。藤本壮介（Fujimoto）等人 1997 年报告说，限制性（低体重）厌食者，而不是暴饮暴食的厌食者，对富含脂肪的餐食表现出 CCK 和胰腺肽反应的增加。戈登（Gordon）、拉斯科（Lask）和布莱恩特（Bryant-Waugh）认为厌食症的病因是多因素的，包括生物学基础，他们证明了一组厌食症儿童的大脑皮层的一个颞叶的血流量减少了，而且这种情况在三个康复并恢复到正常体重的儿童中持续存在。这类研究结果的问题是：（1）这种变化可能是厌食症生理影响的结果，而不是原因；

（2）进食障碍无疑是多个因素造成的，我们在正常食物摄入的生理机制中看到的复杂性和冗余性，使得任何一种成分的失调都不可能产生如此深远的影响。

另一种观点认为，不能将厌食症视为一种进食障碍，而应将其作为其他问题的一种表现，这可能是明智的。这反映在厌食症（和其他进食障碍）的病因学理论中，就是心理和社会文化因素占主导地位。从这个角度来看，本章谈论厌食症的主要目的是为了说明这种非生理因素超越了我所描述的生理机制的力量。

人为什么会暴饮暴食

贪食症的主要特征是暴饮暴食。暴饮暴食可能在没有其他行为或问题的情况下发生，最终导致个体变得肥胖。暴饮暴食也可能会伴随着呕吐，这可能会使个体维持平均（正常）体重，或维持低体重。如前所述，暴饮暴食的往往是高能量的食物。与厌食症一样，这些过程反映了对饮食的控制是由心理因素而非生理因素造成的。诱因和维持因素也可能是多样的和复杂的，大多数研究者认识到了社会和心理因素相互作用的重要性。此外，与厌食症一样，将贪食症主要看作控制饥饿和进食的问题是没有用的，在此不再赘述。

知识提升

食物能提供能量和特定的营养成分，其中一些成分是人体无法合成的。大多数能量以脂肪的形式在两次摄食之间进行储存。

这种能量的储存和释放是由胰岛素和胰高血糖素控制的。关于饥饿和食物摄入控制的简单理论指出，它们是基于胃收缩或葡萄糖抑制机制，最后通过下丘脑外侧的进食中枢和下丘脑腹内侧的饱食中枢（双中心设定点理论）进行操控的。这种方法存在许多困难，导致人们重新考虑将胃肠道看作饥饿和饱腹感的来源。当前有关控制饮食的观点是，存在着多个基于外周和中枢结构以及激素和神经递质的平行系统。对人类饮食至关重要的是心理因素，包括适口性和学习能力。很明显，我们的饮食以及其他物种饮食的主要构成包括吃什么、不吃什么以及何时吃。这种学习是基于习惯化（感官特异性饱腹感）、联想学习（特别是味道学习和条件性厌恶），以及简单的直接饮食和父母的控制。所有这些过程的基础是对甜味食物与生俱来的偏好。肥胖和进食障碍是多因素导致的。肥胖症取决于遗传和社会文化因素的相互作用。尽量不要将神经性厌食症和神经性贪食症看作控制饮食的主要障碍，但这就像绝食一样，说明人类有能力克服对饮食的生理限制。

与人类的性有关的二三事

　　个体的基因在下一代中所占比例的提高，可以被看作所有有机体的根本动机。没有哪种动机可以比性表达更直接了。大多数哺乳动物都表现出一种被称为滥交的生殖模式，即大多数雌性与几个雄性交配，而大多数雄性从不交配；又或者是，那些拥有统治地位的雄性会和几个雌性交配。相比之下，人类的交配系统表现出更大的变化性。因而，不能简单地去定义。在大多数人类社会中，一夫一妻制是占主导地位的，即男性和女性是唯一的配对，而哺乳动物中占主导地位的滥交模式在人类中是不受欢迎的。人类在这个方面是不同寻常的，因为一夫一妻制在哺乳动物中是相对罕见的。人类虽然保持着一夫一妻的关系，但是她们有可能更换伴侣。

　　人类的不同寻常之处在于，大多数动物研究的目的是研究与动物性行为有关的神经和内分泌系统，而我们的性行为远没有动物那么刻板。此外，尽管社会生物学家努力用其他物种的适应性特征来解释人类的性行为，但是与其他物种相比，人类很少受到生物因素的驱动。在性方面，就像我们在本书中涵盖的其他话题一样，我们使用的很多信息都是来自动物研究。从这些研究去推断人类的行为是存在问题的，特别是在交配模式的多样性、性行为的可变性及自控能力等方面表现得尤其明显。

　　在本章中，我们将特别关注内分泌对性和性行为的影响，并从男性和女性之间的结构差异的根源入手。

那些把人类分为两性的生化事件

很显然，男性和女性通常在外表上看起来不一样。有些差异在出生时就很明显（外生殖器），有些差异存在但看不见（内生殖器），其他差异出现在青春期（第二性征）。所有这些结构上的和行为上的差异被统称为性别二态性（sexual dimorphism）。

男性和女性通常在基因上存在差异，因为女性拥有两条 X 染色体，而男性拥有一条 X 染色体和一条 Y 染色体。在受精后的六周内，男性和女性的胚胎在其他方面是相同的。人类的性别二态性几乎完全来自 Y 染色体上的一个基因，这个基因在六周时会产生一种蛋白质——H–Y 抗原（HY antigen），它启动了一系列生化事件，使男性胚胎的未分化性腺发育成睾丸（见图 6–1）。

睾丸会产生两种物质，雄激素睾酮（androgen hormone testosterone）和抗缪勒氏激素（anti-Müllerian hormone，AMH），后者也被称为缪勒抑制物质。睾酮使男性胚胎从沃尔弗氏导管（wolffian duct）和其他组织发育成男性生殖器（精囊、输精管、阴囊、阴茎等），而抗缪勒氏激素则阻止女性内部生殖器从缪勒氏导管（Müllerian duct）发育。由于这些物质的缺乏，女性的生殖器（子宫、输卵管、阴唇、阴蒂等）得以发育，而缪勒氏导管萎缩。

胚胎中的性别分化几乎完全取决于睾酮的存在或缺失，而青春期的变化主要是由被我们称为"与性相应"的性激素产生的，也就是雄性激素和雌性激素。睾酮使得成年男性身体的第二性征出现（胡须、肌肉、外生殖器、声带和喉部都出现明显的变化），而卵巢的雌性激素则促成女性的变化（乳房发育、皮下脂肪沉积、月经初潮）。例外的

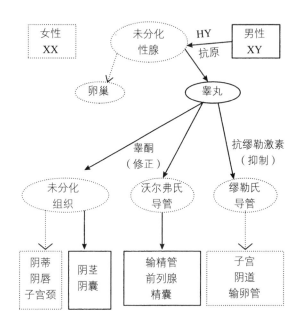

图 6-1　睾丸激素对性分化的影响

是，男性和女性的阴毛和腋毛的生长都是源自雄性激素（女性的主要由肾上腺皮质分泌）。

激素的这种作用可以使身体产生为特定功能做好准备的变化，这种作用被称为组织作用。然而，并非所有这样的组织作用都具有如此清晰的结构性，我们将在之后探讨行为的组织作用。

动物的发情期是怎么来的

老鼠和其他在实验室中被研究的物种，有着高度刻板（物种-典型）的性行为模式，而且这些模式在性别之间有明显的区别。简单来说，雌鼠表现出刻板的主动求偶行为（proceptive behaviour），包括以特定的方式奔向和远离雄鼠。但是，雌鼠只有在黄体酮（progesterone）水平高的时候，即处于发情周期的适当阶段才会这样做。这可以让雄鼠产生停留在雌鼠附近并嗅探雌鼠的行为。雄鼠会试图骑跨到雌鼠身上，而雌鼠对侧腹部的触觉刺激进行反应，代表其主动求偶行为被被动接受行为（recptive behaviour）所取代，具体特征是一种特殊的脊柱前凸姿势，这使交配得以发生。

这些刻板行为的发生取决于与性相应的激素的存在。切除成年动物的性腺后，这种行为在几天内就会完全消失。通过注射与性相应的激素，这种行为又会立即恢复；注射与性不相应的激素则几乎没有效果。对于每年都有繁殖周期的动物来说，睾酮在一年中的非繁殖期几乎会停止产生。因为激素可以导致程序性行为的激活，这种作用被称为激素的激活作用（activating effect）。

雄性性行为为什么有个体差异

雄性啮齿动物在性活动方面表现出广泛的个体差异，但这些个体差异与成年雄性动物的睾酮水平无关。阉割会使雄性个体的性活动停止，对其进行睾酮注射后，雄性个体的性活动就会恢复，但性活动的量并不取决于注射激素的量。相反，原来的个体差异会重新出现。更重要的是，只要睾酮的量达到阉割前的十分之一，就足以恢复以前的性活动水平，注射更多的睾酮也无法使性活动增加。

因此，睾酮的作用具有阈值效应：一旦睾酮达到一定的临界水平，在适当的外部刺激下，它可以并且将会从事性活动。这种现象被称为允许作用，即一定水平的激素允许特定的行为发生，但是该行为的实际发生取决于其他因素。雌性动物处于发情期的接受阶段时，雄性动物的睾酮水平会明显升高。因此，雄性啮齿动物的性行为取决于外部因素（一个处于发情期的同种族雌性动物，且该雌性动物伴随主动求偶行为和被动接受行为）和内部因素（睾酮的围产期和发育组织作用，以及循环激素的当前激活作用）的共同作用。这些外部和内部因素是相互关联的，因为雄性动物的行为有助于刺激雌性动物的相关行为，而雌性动物的行为则会刺激雄性动物的性行为和激素变化。

男性与大鼠相似，至少在睾酮的影响方面是相似的。在大多数情况下，成年男性如果经历了阉割，就会导致性活动的减少或停止。但是，在老鼠身上，这通常在几周内完成；而在男性身上，这种影响则是多种多样的。布雷默（Bremer）研究了 157 名被阉割的挪威男性，他们中的大多数接受阉割是为了换取在性犯罪定罪后的减刑。其中 74 名男性像老鼠一样，在手术后的几周内不再有性活动，另外 29 名在一年内不再有性活动，其他大多数人在一年内失去了勃起的能力；但许多人报告称他们依然有性兴趣，一些人则保持着活跃的性行为。后来的研究同时使用外科手术和"化学"阉割（使用一种阻断雄性激素受体的物质）的方式进行考察，结果表明保持性活跃的被试的比例更高。

性行为对男性睾酮水平也有影响，观看色情电影会提升血液中的睾酮水平。然而，对于躯体完整的男性，大多数研究发现睾酮水平与性欲强度或性活动量之间没有关系（就像大鼠一样）。一旦有了一个高于阈值的数量，更多的睾酮也不会增加欲望或行为。然而，最近的研究发现，高于阈值的睾酮水平与性活动之间存在着关系。

雌性激素与雌性性行为无关吗

许多物种中的雌性动物与雄性动物一样，在开始交配时也很活跃。它们愿意参与主动求偶和被动接受行为的程度取决于性腺激素的释放周期（发情期）。例如，大鼠的这个周期为四天，雌二醇（oestradiol）的循环水平在雌性变得易于接受性行为之前约 40 个小时达到峰值。就在感受期之前，雌性动物分泌黄体酮，与排卵一致。因此，灵长类以外的哺乳动物的性行为实际上是被限制在周期中最能生育的阶段。雌性大鼠和豚鼠切除卵巢（手术切除卵巢）的结果高度一致，即迅速下降到完全没有性行为。要恢复去卵巢大鼠的主动求偶和被动接受行为，替代激素的使用需要匹配激素产生的自然顺序。如果做到了这一点，那它们就可以迅速并完全恢复性行为。

与男性相比，女性的性行为与激素之间的关系与老鼠不同。月经周期是激素变化的周期，包括在前面大鼠研究中提到的雌二醇和黄体酮的分泌顺序。人类的雌二醇水平在排卵前后达到峰值，黄体酮水平在几天后达到峰值（见图 2–5）。虽然这种模式在人类月经周期中比在大鼠中稍晚，但激素序列表明，性兴趣和性行为在月经周期中最能生育的时间应最大、最频繁。大多数研究表明，妇女在月经后能立即体验到最高水平的性欲或性活动，这时受孕的可能性最小。这种模式可能源于月经期间的禁欲，但重要的一点是，它表明了性唤醒、欲望或活动与循环激素水平之间没有关系。然而，正如贝克（Baker）和贝利斯（Bellis）所做的那样，对具有不同直接目的的性活动的区分可能很重要，而当前大多数此类研究还没有进行这种区分。例如，贝利斯和贝克表明，女性在月经周期中生育能力最强的时候更可能与她们通常的伴侣之外的人发生性关系，但在生育能力最差的时候与她们通常的伴侣发生性关系。

成年女性卵巢切除后的影响以及绝经后女性激素的丧失也表明，女性的性行为与雌性激素之间的关系不大，这两者都不直接影响性兴趣，也不一定影响性行为。现在人们普遍认为，相对于雌性激素的影响，女性的性欲与雄性激素（由肾上腺皮质和卵巢分泌）的关系更密切。一些证据也表明了这一点：（1）在健康女性中进行的相关研究显示，性兴趣和睾酮水平之间存在关系；（2）较高的睾酮水平与妇女手淫频率较高有关；（3）已显示睾酮注射可增加子宫切除术（或者切除卵巢）后和绝经后妇女的性欲，但注射雌二醇没有效果；（4）年轻女性青春期性交的持续时间与当时睾酮水平的升高相关。此外，睾酮在月经周期生育能力最强的阶段达到峰值。

睾酮水平决定我们的性行为吗

男性或女性性行为的发展取决于围产期雄性激素的存在与否。这一结论所依据的实验大多涉及向怀孕的啮齿动物注射激素并考察其对后代的影响。如果将睾酮注射到怀孕的豚鼠体内，并摘除卵巢且随后更换激素，再对雌性后代进行检测，结果显示雌性后代对注射雄性激素表现出阳性反应。也就是说，这些雌性豚鼠将出现骑跨其他雌性的行为，这就是所谓的雄性化效应（masculinising effect）。此外，它们对注射雌性激素的豚鼠没有表现出正常的主动求偶和被动接受行为反应，这是一种去雌性化效应（defeminising effect）。雄性动物的情况则相反。在老鼠出生时，通过对其进行阉割可防止睾酮产生。后来的激素试验显示了雌性化效应（feminising effect），即雄性老鼠以雌性的行为模式对雌激素注射做出反应；以及去雄性化效应（demasculinising effect），即在雌性存在被动接受行为的情况下，向成年雄性大鼠注射睾酮后不会产生通常的雄性勃起和交配行为。

这类实验清楚地表明，围产期睾酮水平对啮齿动物具有性别特异性的组织作用。大多数证据表明，这是一种对大脑结构的影响，我们将在稍后进行讨论。这些结果对人类的性行为有影响吗？这样的结果有时被用来解释人类的同性恋行为，我将在之后的研究中再讨论这类论点。围产期雄性激素水平升高或降低对人类有何影响？尽管对大鼠进行的实验不能在人类中进行，但是有两种具有相似作用的病理状况产生了。

雄激素不敏感综合征（androgen insensitivity syndrome）发生于基因为男性，可以产生睾酮和抗缪勒氏激素（AMH）但没有雄性激素受体的患者。AMH 可抑制女性内生殖器的发育，而睾酮的缺乏可阻止男性内生殖器和外生殖器的发育。一般都是生来就有正常的女性外生殖器的人就会成长为女孩。在青春期，身体对肾上腺皮质产生的少量雌性激素产生反应，出现看似正常的女性变化（月经周期除外）。这些人通常认为自己是女性，通常表现出女性的性偏好和性行为。这可以解释为在围产期睾酮缺乏的情况下，遗传性男性的女性化和去女性化。然而，请注意，这些人的女性行为同样可能是因为他们一生都被视为女性。

肾上腺生殖器综合征或先天性肾上腺增生（adrenogenital syndrome / congenital adrenal hyperplasia）发生于遗传性男性和遗传性女性中，由于各种遗传错误，肾上腺皮质异常分泌大量的雄性激素。在遗传性女性中，这种作用是可变的，取决于产生多少雄性激素，并导致外生殖器不同程度的雄性化，但通常不会出现确定的性别外观。这些病例的病因和治疗在 1950 年左右确定之前，这些遗传为女性的儿童被抚养为男孩或女孩，大概取决于生殖器的形式和父母的倾向。在青春期，分配到女性性别的人没有问题，因为随后是正常的女性青春期。然而，对于那些被当作男孩养大的人来说，女性的青春期与其指定的性别不一致经常会导致严重的苦恼。几项研究表明，患有肾上腺生殖器综合征的遗传女性比其他女性更可能选择女性的性伴侣。即使是在出生后立即接受手术并接受激素失衡治疗的患者也是如此。然而，这些人是不同寻常的，他们知道自己的情况，他们必须不断地服药。其结果可能是源于自我认知的改变和 / 或接受治疗。

大脑是最重要的性器官吗

前脑的一个位于下丘脑前部的区域，即内侧视前区（medial preoptic area，MPA），长期以来被认为是实验中雄性动物的性行为所必需的区域。在许多物种中，该区域的破坏会永久地阻止它们进行性活动。相反，对该区域的电刺激能使雄性大鼠产生骑跨行为，并且在正常交配期间该区域的细胞活性增加。内侧视前区中的损伤不会阻止动物表现出性兴趣，也不会阻止人工刺激下的勃起反应。被操控的雄性大鼠将做出准备行为（对雌性的追逐和嗅探），被操控的雄性猴子将会手淫并对雌性表现出性兴趣。然而，在这两种情况下，它们都不会骑跨雌性。

1978 年，戈尔斯基（Gorski）和他的同事证明，雄性大鼠的内侧视前区的细胞核比雌性大鼠的大 3~5 倍。该区域被称为视前区的性别二态性核（sexually dimorphic nucleu，SDN）。在人类中也发现了这种差异。出生后立即阉割可防止 SDN 在雄性中保持较大尺寸，因此 CNS 的这种性二型性是围产期雄性激的组织作用（organising effect of hormones）的结果。对成年动物进行阉割会导致 SDN 内的某些区域缩小，表明这至少是部分睾酮激活作用的作用位点。内侧视前区分别控制雌性和雄性典型激素的周期性或恒定分泌速率。在中枢神经系统中还发现了许多其他性别二态区域，其中包括：下丘脑前部第三间质核（third interstitial nucleus of the anterior hypothalamus，INAH-3），我们将在稍后的章节中讨论；终纹的床核 [BNST，连接杏仁核（amygdala）和内侧视前区的管道] 男性的比女性的大；以及脊髓中参与阴茎勃起的区域。啮齿动物连接两个大脑半球的两个纤维束 [胼胝体和前连合（anterior commissure）] 的大小也存在性别差异。早期说法是相同的差异也出现在人类中，它们被用来解释人类认知中的一些性别差异。最近的研究综述对此提出了质疑。

与男性性行为有关的中枢

近年来，有关啮齿动物性行为的神经系统研究取得了巨大的进展。伍德（Wood）将雄性仓鼠中的系统总结为三维模型，本章对此将不做详细解释。她描述的神经网络用于整合感觉信息 [包括来自嗅球的嗅觉和信息素（pheromone，又叫费洛蒙）输入] 和内部激素因子（涉及内侧杏仁核和内侧视前区的子回路中的受体）。内侧视前区与中脑区域相连，这些区域似乎组织对性活动的运动控制。图 6-2 总结了与男性性行为相关的主要中枢和影响。

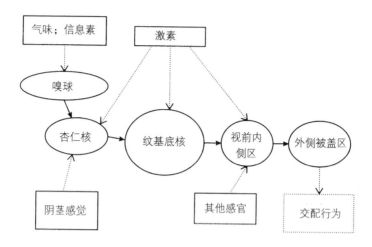

图 6-2　与男性性行为相关的主要中枢和影响

信息素对人类的作用是有争议的。虽然一些研究表明，信息素信号是生活在一起的女性倾向于同步她们的月经周期这一观察的基础，但该研究受到了批评，还有一些人怀疑这种月经同步是否真的存在。在其他物种中，介导信息素作用的犁鼻器（vomeronasal organ）存在于人鼻中这一观点也受到了质疑。然而，最近的研究发现，人类的这种器官对直接的化学刺激有反应。斯特恩（Stern）和麦克林托克（McClintock）让女性在月经周期的不同阶段在腋下部位使用软垫，然后让其他女性闻这些气味。第二组女性的月经周期发生了改变，从而导致了月经周期的同步。然而，没有充分的证据表明信息素对性吸引力有影响。

与女性性行为有关的中枢

雌性动物的性行为受 VMH 前部病变的影响。具体而言，在该部位出现病变的雌性大鼠将不会表现出接受行为，甚至可能攻击试图骑跨它的雄性大鼠。对该区域的电刺激会使雌性做出前凸体位。雌性对激素反应的顺序依赖性与激素对该区域细胞的作用不同有关。雌性激素使这些细胞产生黄体酮受体。没有这些，大脑将不会对黄体酮做出反应，雌性大鼠将不会采用感受性脊柱前凸体位。VMH 中对黄体酮敏感的神经元将纤维发送到脑干中的 PAG，正如我们在前面章节中看到的，它参与物种典型的完成行为的协调。图 6-3 总结了这些机制。

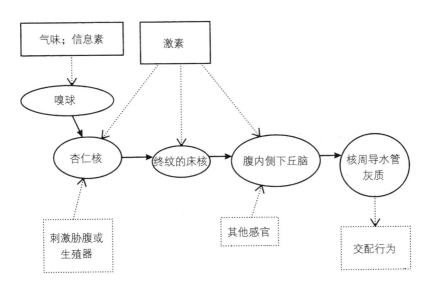

图 6-3　与女性性行为相关的主要中枢和影响

到底是什么在决定我们的性取向

在讨论同性恋的起源时，重要的是要认识到具有同性恋行为的人并不都是一样的。麦克奈特（McKnight）认为，许多人沉迷于同性恋性行为是因为他们正在做尝试，或者找不到异性伴侣。这类人不太可能与其他觉得自己在择偶方面别无选择的人有共同的心理生物学特征；同性伴侣对他们来说是正确的。未能认识到这一点可能会混淆对研究结果的解释，在以下讨论中应该牢记这一点。在我们研究的所有社会中，排他性男性同性恋出现的概率不到 1%，尽管不同社会中表现出双性恋的男性比例差别很大。在下面的讨论中，我们将探讨排他性同性恋的一些可能原因。

雄性激素与性取向的关系

一些比较同性恋和异性恋男性性激素水平的早期研究报告称，同性恋者的睾酮水平较低。然而，后来的研究通常无法证实这一点，人们认为早期的结果可能反映了同性恋被试存在更大的压力。压力带来的一个影响是增加了皮质醇的分泌，进而降低了睾酮水平。无论如何，正如我们已经看到的，雄性激素水平在男性和女性的性欲和性行为中很重要，没有理由认为男同性恋的雄性激素水平应该更低。

但是，即使激素的激活作用在异性恋者和同性恋者之间没有区别，组织作用也可能不同。前面提到的遗传性雄性激素缺乏症的证据，无法明确地从生物学而非社会文化角度清楚解释之后发生的性行为。在 20 世纪 80 年代的一系列论文中，多尔纳（Dorner）报告说，怀孕期间的压力会增加后代成为同性恋者的可能性，他通过皮质醇的睾酮降低作用对此进行了解释。先前的研究表明，出生前的压力会对老鼠产生这些激素作用，还会导致雄性后代行为的女性化。这种研究男性同性恋起源的方法认为，该影响是由发育中的大脑去雄性化造成的。我们在早些时候看到了围产期睾酮水平差异导致中枢神经系统性别差异的证据。异性恋者和同性恋者的大脑有区别吗?

神经结构与性取向的关系

1990 年,斯瓦布(Swaab)和霍夫曼(Hofman)发现同性恋男性的 SCN 大约是异性恋男性的两倍。由于神经干细胞的已知功能与内源性节律有关(见第 3 章),因此其意义尚不清楚。然而,在随后的研究中,斯瓦布和他的同事已经表明,同性恋男性的 SCN 与异性恋男性的 SCN 的不同之处在于,他们会更多地使用加压素作为神经递质的神经元。在对大鼠的研究中,他们还证明了阻止围产期睾酮作用于发育中的大鼠的大脑不仅会导致这种神经元类型的失衡,而且会导致大鼠在选择性伴侣时成为双性恋者。

莱维(LeVay)1991 年检验了同性恋男性和异性恋男性以及被认为是异性恋女性的人死后的大脑。他发现,对于我们之前看到的 INAH–3,男性平均是女性的两倍,而男同性恋者的 INAH–3 的大小却与女性的一样大。然而,它在两个男同性恋的分布中有大量的重叠。此外,这种差异可能来自早期的学习经历,或者是性偏好的结果,而不是性偏好的原因。更重要的是,结果似乎没有被复制。INAH–3 的性二型性依赖于围产期的睾酮水平,因此,尽管它在性行为中的作用尚不清楚,但可能是同性恋的去雄性化基础。

据报道,同性恋男性也比异性恋男性有更大的前连合,且大小大致与女性的相同。这种结构上的性别差异通常被认为与认知差异有关,而不是性行为上的差异。在同性恋和异性恋男性之间观察到的 EEG 侧化差异也是如此。同样,与女性相比,同性恋男性中与任务相关的 EEG 模式更接近女性。我们稍后将回到这些认知相关差异的意义上。

遗传因素与性取向的关系

许多研究表明了同性恋的遗传基础。对同性恋家族的研究表明，同性恋的同卵双胞胎成为同性恋的概率至少是异卵双胞胎的两倍。例如，1991 年，贝利（Bailey）和皮拉德（Pillard）发现，同性恋男性中有 50% 的同卵双胞胎和 25% 的异卵双胞胎也是同性恋。非双胞胎兄弟和收养兄弟的比例较低，两者相似（分别为 9% 和 11%）。

哈默（Hamer）等人 1993 年报告说，同性恋可以追溯到 X 染色体的特定部分。虽然哈默的团队再次验证了这个结果，但其他人没有这样做。哈默的方法，特别是他的同性恋样本的代表性受到了批评。并非所有同性恋男性都遗传一个或多个基因，而拥有相同基因的兄弟也并不一定都成为同性恋。在具有完全相同基因型的成对同卵双胞胎中，一个可能成为同性恋，另一个则可能不是。

同性恋有生物学基础吗

这些讨论提出了有关同性恋生物学基础的基本问题。同性恋的遗传基础似乎是不存在的，因为它会直接降低生殖率，导致基因消亡。事实上，对于同性恋基因如何连续在几代中得以维持，有几种不同的解释。一种解释是基于均衡优势杂合子适合度的概念。据此，具有一个基因复制（杂合）的个体可能获得一些优势，而具有两个基因的复制是不利的。众所周知，这就是疟疾地区发生遗传性疾病镰状细胞贫血的原因。患有这种疾病的人具有两个复制的相关基因，但只有一个复制的相关基因在更大数量的人群中对疟疾有一定的抗性，因此提高了该基因在下一代中的存活率。本示例无意暗示同性恋是一种疾病。

这种论点有待解决的一个问题是：这个基因或这些基因赋予杂合子的优势是什么？关于这一点的可能性的推测大多涉及在性行为中赋予一些优势，例如更强大的性欲、生育力或潜能。贝克和贝利斯认为，杂合性导致双性恋，并为双性恋者提供了更早和更广泛的经验，以及出轨的机会。

哈默等人提出了另一种解释，这解释了基因位于 X 染色体上的原因。该基因的作用是增强男性伴侣的性欲。在女性中，这会对生殖性能产生直接的影响，并导致基因在下一代中的代表性更高。对于对男性的影响而言，增加同性恋行为的可能性只是一个副产品而已。无论真实情况如何，同性恋与进化成功背道而驰的假设显然是基于对遗传和进化的简单化看法。

另一方面，认为同性恋的遗传基础取决于单一基因的观点也过于简单了。班姆（Bem）在 1996 年提出，大脑结构、激素和基因实际上决定的是童年气质，而这又反过来促成了对那些看起来与自己不同的人的兴趣，无论他们是同性还是异性个体。这与之前报告的发现一致，即同性恋与异性恋在结构上的差异和认知功能有关，而不是直接和性行为有关。这一理论认为同性和异性的偏好是以完全相同的方式决定的，并试图将生理和社会文化因素整合到性行为的发展中。

知识提升

　　人类是性别二态性的，也就是说，男人和女人的身体结构不同。这种性别二态性是睾酮对雄性胚胎的组织作用以及青春期

雄性的雄性激素和雌性的雌激素导致的。大多数物种的性行为
取决于与性相关的激素。切除雄性和雌性动物的性腺会导致它们
完全丧失性兴趣和性行为。适当的替代激素可恢复这些功能。睾
酮使雄性的预编程性行为可以实现。睾酮在男性中也有类似的作
用，但有些男性在阉割后仍保持性活跃。女性的性欲和性行为与
女性性激素无关，但可能与睾酮有关。睾酮的组织作用使雄性和
雌性的大脑中产生结构差异，并允许身体对后来的激活作用做出
反应。一些人将男性同性恋归因于发育中的大脑的雄性激素分泌
不足，这可能是母体压力的结果。同性恋男性的大脑更像女性的
大脑，而不是其他男性的大脑，尽管这种差异似乎与认知过程有
关，而不是直接与性行为有关。此外，本章还提出了遗传因素对
同性恋的影响。

第 7 章

人类的攻击行为
具有繁殖功能吗

攻击完全是一种生物行为吗

攻击行为在动物界广泛存在。就像其他生物行为一样，攻击行为的最终目的是生物体要增加遗传给下一代基因的比例。在攻击行为中，这一基本原则并不像我们所看到的性行为那样清晰明确，但通常我们会将攻击行为理解为用于增强繁殖力。与性行为一样，我们发现攻击行为是一种典型的生物行为，由神经回路控制，并受到性激素的组织作用和激活作用的影响。然而在人类中，攻击行为在很大程度上摆脱了这些生物性约束，可能存在性别二态性。

攻击行为具有哪些类型

攻击性行为有很多不同的分类方法。其中基于功能性的分类方法将攻击行为分为三种类型：（1）进攻性攻击（offensive aggression）行为，即某一动物对另一动物的攻击行为；（2）防御性攻击（defensive aggression）行为，即在受到攻击或威胁时的攻击行为；（3）捕食（predation）行为，即对另一个物种的攻击性行为，通常是为了获取食物。在研究的大多数物种中，进攻性攻击行为和防御性攻击行为有许多共同特点，尽管并不完全相同。例如，猫的进攻性攻击行为和防御性攻击行为均会表现出拱起脊背、竖起猫毛和发出嘶嘶声，而两者的不同主要表现在姿势上。在以大鼠为对象的研究中，这些行为的差异表现得更明显，很容易区分开来。此外，进攻性攻击行为和防御性攻击行为都伴随着高水平的交感神经活动。

进攻性攻击行为和防御性攻击行为通常包括多次或长时间的威胁以及不止一次的攻击，最终的结果通常是双方的对抗从威胁升级为实质性攻击之前，其中一方先行退出对抗。捕食行为则截然不同，在这种情况下，动物似乎会尽可能地隐藏自己，使自己不引起注意（例如，猫以腹部贴近地面的方式进行跟踪）。实质性的攻击行为旨在杀死目标，通常直接由一次看起来不存在威胁的攻击组成。因此，捕食行为常以一次致命的咬伤或以捕食者放弃而结束。由于捕食行为是如此不同，有些人认为将其视为摄食而非攻击行为更恰当。在本章中，我们将集中讨论进攻性攻击行为和防御性攻击行为。

两性的攻击行为本质不同吗

雄性动物和雌性动物的攻击行为模式看上去似乎是相同的，因此我们假定它们拥有相同的神经回路。然而，两性间的攻击行为本质上是不同的，其中大多数攻击行为都与生殖行为直接相关。由于雄性动物和雌性动物在繁殖后代的过程中扮演着不同的角色，因此对于雄性动物和雌性动物来说，攻击行为的直接目的截然不同，并且这些性别的特殊性差异在不同物种中各不相同。在某些物种中，雄性动物需要通过攻击行为来对抗其他雄性，以此来维护个人领地（以及它们的配偶）。在其他物种中，尽管不涉及争夺领地，但雄性之间必须通过攻击行为来竞争与雌性的交配权。在许多物种中，雌性在求偶过程中的行为与雄性的攻击性竞争行为非常相似，这一现象并非偶然。在有些物种中，雌性也必须与其他雌性展开竞争，例如争夺筑巢的地点。当然，雌性的攻击行为通常是为了保护后代的防御性攻击行为。

什么在控制我们的攻击行为

上述三种类型的攻击行为似乎有着不同的中枢机制。如同我们所研究过的其他类型的动机行为，如由中脑的中枢所控制的进食和性行为等，这些特定的运动回路由下丘脑和边缘系统的中枢控制，尤其是杏仁核。虽然早在 20 世纪 20 年代就有研究发现了这些脑区的作用，但直到 20 世纪末人们才开始逐渐认识到不同类型攻击行为的独特机制，尽管目前还有很多细节我们仍然不清楚。因此，进攻性攻击行为和防御性攻击行为（以及捕食行为）之间的差异使得研究者们能够通过损伤和刺激的方法来区分其中的神经机制。

哪些激素控制进攻性攻击

生物特有的进攻性攻击运动模式是由中脑腹侧被盖区（ventral tegmental area）神经元进行编码的（见图 7–1）。

该区域的损伤可以阻止进攻性攻击行为的发生，但对防御性攻击行为或捕食行为没有影响。刺激该区域会使生物产生特有的进攻性攻击行为，而该区域的神经元会接受来自下丘脑前部的输入信号，即对下丘脑前部区域进行刺激会使生物产生特有的进攻性攻击行为。然而，下丘脑前部的损伤并不能阻止攻击性行为，但可能会在特定的刺激下改变其发生的概率，例如同一物种的雄性。因此，下丘脑前部在决定

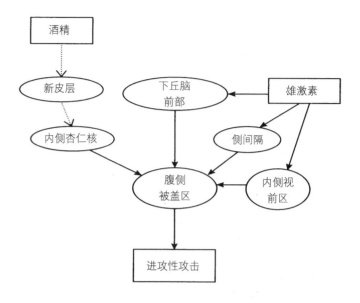

图 7-1　涉及进攻性攻击的一些可能的机制

攻击性行为的发生中起到了一定的作用，但它并不直接启动攻击性攻击行为。大部分研究表明，攻击取决于动物受到了某些特定类型的刺激，其中最明显的是其他动物的存在，或是有时肢体或面部受到的触觉刺激。

皮层中枢对进攻性攻击行为起到了抑制性控制作用。去除猫的大脑皮层会导致貌似进攻性攻击行为的不受控制的"假怒"，而摄入酒精会降低抑制作用。对进攻性攻击行为的抑制性作用已被证实是由 5- 羟色胺能神经元介导的，其中包括内侧视前区。一些研究已经把人类的暴力犯罪与颞叶的损伤联系了起来，包括颞叶癫痫患者。

哪些激素控制防御性攻击

防御性攻击的神经活动主要位于中脑导水管周围灰质（periaqued-uctal grey matter，PAG）的神经元中（见图 7–2）。防御性行为构成的威胁行为似乎与实际攻击行为表现的控制是分开的。西格尔（Siegel）、舒伯特（Schubert）和谢赫（Shaikh）1997 年总结了控制 PAG 活动的下丘脑和边缘环路，它们的激活是由来自内侧下丘脑的氨基酸神经元来实现的，而这些神经元本身的活动又是由内侧杏仁核输入信号激活的。因此，这一神经活动是由杏仁核对 PAG 的直接信号输入进行调

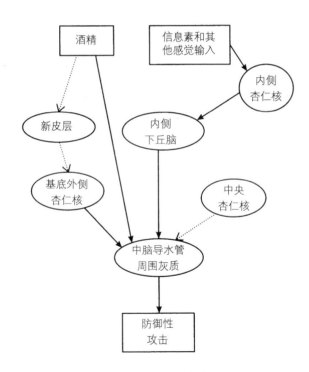

图 7–2　防御性攻击的脑机制

节的：一种是来自杏仁核中央的阿片类抑制物质；另一种是来自基底复合体的兴奋性氨基酸。酒精对攻击行为有刺激作用，它不仅降低了大脑皮层的抑制作用，还直接刺激了内侧下丘脑与 PAG 之间的通路。杏仁核本身接受多种信号的输入，特别是来自嗅觉系统和其他感觉系统的直接输入。此外，杏仁核还包含有雌性激素和雄性激素受体的神经元。

攻击性也有周期吗

为什么雌性在孕期会变得凶悍

我们在第 6 章介绍了围产期睾酮水平对成人性行为的组织作用，特别是对成人激素水平性别反应的组织作用。围产期激素对进攻性攻击行为的组织作用的研究表明，这一作用几乎与性别效应完全平行。例如，在正常的大鼠中，雄性大鼠表现出的攻击性攻击行为远远多于雌性大鼠，此外雄性的攻击行为几乎完全是针对其他雄性的。啮齿动物的这种雄性间的攻击行为始于青春期，这正是雄性激素分泌开始上升的时候，而同样可以通过注射睾酮使青春期前的小鼠具有攻击性。但是，出生时就被阉割的大鼠对睾酮不会产生反应，即攻击性不会增强，相反在成年后被阉割的大鼠却对此具有反应性。

雄性大鼠的攻击性行为还受到社会或环境因素的影响，这也与性激素有关。与一只雌性大鼠共同饲养的雄性大鼠在与陌生雄性大鼠进行对抗测试时，比单独饲养或与一只雄性大鼠共同饲养的大鼠表现出了更多的攻击行为。如果使用睾酮进行处理，甚至会增强这一效果。

因此，雌性大鼠的存在使雄性大鼠对睾酮的作用更敏感。同样地，当为被阉割的大鼠注射睾酮后，它不仅在争夺食物时表现出更激烈的竞争行为，随后也会表现出对另一只温顺的陌生大鼠的攻击行为，当然这取决于睾酮和大鼠先前的攻击经历。因此，研究者们认为进攻性攻击行为取决于经验和睾酮的共同作用。

虽然进攻性攻击行为在雌性啮齿动物中十分少见，但这一行为也确实存在，并且在不同个体中其程度也不尽相同。当然，这也与雄性激素的激活和组织作用有关。例如，当成年雌鼠对注射睾酮的反应是雌鼠间的攻击性增强时，就显示出激活效应。组织作用表现为自然反应中的个体差异，以及对注射睾酮的反应，这些结果都是由胎儿暴露于雄性激素的程度不同造成的。由于大鼠的产仔数量较多，因此雌性后代会与不同数量的雄性后代共同繁育（一两个）。已有研究表明，与两只雄性后代共同繁育的雌性后代具有较高的睾酮水平。此外，它们和那些未与雄性后代共同繁育的雌性后代相比，对注射睾酮的反应更为强烈。因为雌性后代在母亲子宫内接触到了较高浓度的雄性激素，所以产生了雄性化效应。

在大多数物种中，雌性的进攻性攻击行为主要是母性攻击。在由母亲哺育后代的物种中，对陌生个体的攻击是迅速且激烈的。在啮齿动物中，这种攻击性行为会在怀孕期间增加，并且与黄体酮水平的逐渐增加彼此平行。虽然黄体酮水平在怀孕后期会有所下降，但攻击性仍在继续增长，有研究者推测，这是雌性分娩前睾酮增加的结果。这种攻击性在雌性分娩后会立即停滞一段时间（这使得雌性个体能在不攻击雄性个体的情况下再次进行交配），这一现象似乎是由雌二醇的抑制作用导致的。当然，雌性个体的攻击性反应也取决于幼崽的存在；

如果幼崽并不在场，则雌性个体就不会攻击入侵者。

一些物种的雌性攻击性已被证实与发情期的激素变化有关。因此，雌性仓鼠在除了其发情周期的接受阶段外都具有攻击性。切除卵巢使得雌性仓鼠具有持续的攻击性，而注射雌性激素和黄体酮激素不仅能恢复它们的性行为，还能消除其攻击性。然而，这种与雌性激素的明确关系并不常见。

沃伦（Wallen）1996 年根据早期社会和激素效应对恒河猴影响的研究提出，环境因素是影响灵长类动物攻击性攻击行为的主要因素。具体来说，猴子是顺从的还是占主导地位而具有攻击性的，更多取决于它们所处环境的攻击性水平，而不是个体内循环的雄性激素水平。有些灵长类动物在月经周期中表现出攻击性变化，在整个周期内其攻击性最强的时期也有所不同。有的在排卵期最强，有的则在月经前最强。

雄性激素对攻击性的激活效应是通过我们前面所介绍的杏仁核、内侧下丘脑、内侧视前区以及侧间隔等脑区的受体来调节的。也有证据表明，内侧视前区中的雌性激素受体可以减少攻击性行为。

男性的攻击性为何多于女性

我们能从上述动物的研究调查中发现关于人类攻击性的相似之处吗？实际上，某些相似之处是显而易见的，但同时差异也是巨大的。男性的攻击行为远比女性的频繁得多，海德（Hyde）1986 年的一项大样本量的综述研究发现，这种差异在学龄前儿童中十分明显，在9~12 岁儿童中处中等水平，而在成年早期人群中差异则很小。伊格雷（Eagly）和斯蒂芬（Steffen）1986 年在一项类似的综述研究中指出，身体暴力的性别差异最大，而当被试认为他们的行为没有被发现时性别差异最小，这表明社会因素对性别差异具有强烈的影响。

然而，我们不应排除围产期睾酮对性别差异的影响，因为正如我们在第 6 章中所介绍的，其组织作用在性行为问题中表现得十分明显；但实际上，我们在人类中也很难获得评估这一观点的证据。赖尼希（Reinisch）1981 年的研究表明，在怀孕期间为防止流产而摄入合成雄性激素药物的母亲所生下的男孩和女孩，比没有摄入该类药物的母亲所生下的男孩和女孩更具攻击性。同时，对患有肾上腺生殖器综合征（adrenogenital syndrome）的女孩的相关研究（见第 6 章）并没有发现对攻击性有显著影响的证据，尽管这些女孩在其他方面表现得与男孩类似（他们被描述为"假小子"）。

人类群体中男性的攻击性与其他物种一样，在青春期会随着睾酮分泌的增加而增加。当然，对人类的研究大多存在方法问题和伦理上的限制。正如我们在第 6 章中提及的，对成年男性进行阉割不仅可以减少其性冲动，还可以减少其攻击性。范古岑（Van Goozen）等人1995 年的研究表明，接受雄性激素治疗的由女性变为男性的变性者对想象中的挫折做出的攻击性反应比对照组要更大，而接受雄性激素阻断剂治疗的由男性变为女性的变性者，其攻击性则变得更小。

研究者们通常会通过相关法探究攻击性的个体差异是否与雄性激素的个体差异存在相关关系，但这一相关结果并不稳定。一些研究表明，被判为暴力犯罪的人比被判为非暴力犯罪的人的睾酮水平更高。这一结果在关于男性和女性的研究中也得到了一些证据的支持。但在大多数研究中，这些关系都十分微弱，同时我们必须意识到用相关法研究进行解释存在两个主要困难：（1）相关性结果不能直接解决因果关系的方向问题（雄性激素水平的增加可能是由攻击行为造成的，就像雄性激素水平的增加可能是由性行为造成的一样，详见第 6 章）；
（2）相关性结果没有排除其他看上去可能有直接关系的潜在共变因素。

　　因此，越来越多的研究表明，这种关系实际上是支配地位和睾酮之间的关系，而不是攻击性和睾酮之间的关系。此外，睾酮的差异可能是支配地位的结果，而非原因。例如，埃伦克兰茨（Ehrenkranz）、布利斯（Bliss）和希尔德（Sheard）1974 年对三类人进行了比较：长期具有攻击性的暴力罪犯；处于支配地位但不具有攻击性的非暴力罪犯；不具有攻击性且处于非支配地位的对照组参与者。结果发现，前两组间的睾酮水平无显著差异，且均高于第三组。梅热（Mazur）和兰姆（Lamb）1980 年进行的一系列研究同样证实了这一观点。在其中一项研究中，轻松赢得一场网球比赛的男选手的睾酮水平高于那些勉强获胜的男选手。此外，通过自身努力而获得成功的人（完成学业并毕业）的睾酮水平有所升高，但那些并非因自身能力而获得奖励的人（彩票中奖）的睾酮水平却没有升高。史卡尔（Schaal）等人对一组 6~13 岁的男孩进行了追踪调查，他们在整个过程中评估了这些孩子的攻击性，并在最后测量了他们的支配地位和睾酮水平。结果发现，处于支配地位的男孩的睾酮水平较高，而那些有躯体攻击史的男孩的睾酮水平较低。这一结果同样也适用于动物的相关性研究，等级地位（dominance hierarchy）越高的动物的睾酮水平也相对更高。当然，这也可能是由于它们竞争的次数相对更多，同时它们也赢得了更多的战斗，或者仅仅是由于它们的地位优势。

　　关于雌性激素与攻击性之间关系的研究证据相对较少，正如我们之前提及的，只有一两个证据表明在某些物种中高水平的雌性激素会抑制女性的攻击性。作为月经前综合征的一部分，女性月经前攻击性行为增加的相关证据还远远不足以下定论。范古岑等人 1996 年的研究表明，女性在月经前阶段更容易被激怒，但这一结果只针对那些在月经前阶段曾抱怨过烦躁易怒的女性。在实验测试当天，这些女性的皮质醇水平显著更高，因此研究者得出了一项初步结论：那些表现出更易怒的女性更容易感受到压力。

因此，攻击性相关的结论和性行为相关的结论是类似的。虽然人类的攻击行为和激素功能的某些关系在与我们关系最密切的动物研究（如啮齿动物和猫）中有所体现，但这种关系要疏远得多。此外，人类的攻击性似乎比其他物种的攻击性要弱得多。也就是说，与其他物种相比，这种类型的行为更多受到我们个体的控制。

为什么会出现施虐受虐的性行为

我们从前面的章节中可以发现，进攻性攻击与性和生殖活动有关。齐尔曼（Zillmann）1989 年进一步探讨了性与攻击性之间的关系，并将这些关系更直接地延伸到了人类的行为中。齐尔曼对这方面的兴趣源于对色情作品影响的研究，他在研究中指出，性和暴力刺激经常对观众产生类似的影响。因此，他的基本假设是：性和攻击性都与交感神经兴奋有关，而且两者的强度都会随着兴奋度的增加而提高。这种兴奋可能从其中一个转移到另一个。因此，未表达的恼怒会促进此后的性反应，未表达的性唤醒会增强此后的性唤醒和 / 或攻击性。其他常见的共同特征还包括认知过程。认知控制可能对攻击性和性行为都存在影响；反过来说，如果攻击性和性唤醒足够强烈，则可能会干扰认知过程，特别是减少对攻击性或性行为对象的关注。

在人类中，攻击和性之间的关系超越了生物学上的角色关系（即一方获得另一方），尽管我们认为这一发展起源于这种角色关系。因此，在大多数文化背景中，男子使用侵犯手段强迫女性发生不情愿的性关系（即强奸）的情况并不罕见。正如我们之前所说的，观看暴力作品带来的许多影响，可能是由于交感神经兴奋的共同参与。施虐受虐的性活动依赖于增强性体验的攻击性行为。更常见的情况是，性活动伴随着带有攻击性的行为，如咬和抓挠。

颞叶疾病似乎也与性和攻击性有关。我们在第 6 章中介绍了人类和动物的颞叶损伤与异常性行为的关系。在本章的前面部分，我们也提及了颞叶损伤与暴力行为之间关系的研究报告。有一些证据表明这两者经常同时发生，兰杰文（Langevin）等人 1985 年的研究表明，施虐狂中患颞叶疾病的人数超过了预期。

知识提升

在动物界，进攻性和防御性的攻击行为显然具有繁殖功能。虽然雄性动物和雌性动物在攻击行为中表现出了相似的运动模式，但这些运动模式与特定物种的两性生殖功能有关，因此具有不同的功能。进攻性和防御性攻击行为由边缘系统、下丘脑和脑干中不同但密切相关的神经回路所控制。啮齿动物攻击性的性别二态性主要是围产期雄性激素组织作用的结果。在两性中，雄性激素对进攻性攻击也有激活效应。雌性啮齿类动物的攻击依赖于雌性激素以及睾酮，内分泌对灵长类动物（包括人类）攻击性的影响远不如啮齿动物明显。社会因素对人类的攻击性表现有显著的影响，在大多数情况下，男性比女性更具攻击性。这种性别差异在幼儿阶段更大，而在那些认为自己被忽视的女性身上，这种性别差异则最小。男性和女性罪犯的睾酮水平和攻击性之间存在微弱的相关性，然而这种关系更可能与支配地位有关，通常由攻击性来传递，而非攻击性本身的直接作用。在人类中，性行为和攻击行为之间的关系是明确的，这可能是基于两者间的共同特征，如神经系统的唤醒和类似性。

第 8 章

我们为什么会上瘾

Chapter 8

从药物特性开始了解成瘾

药物是一类能直接改变人体功能的物质。我们日常摄入的大多数药物都是治疗药物，例如通过服用这些药物来杀死病毒或改善我们身体组织中的生化失衡。有些药物属于精神活性药物（psychoactive drug），也就是会改变个人的心理状态。精神活性药物也包括止痛药等药物类别，但通常仅限于改变情绪或产生幻觉的药物。

我们大多数人都会使用精神活性药物。咖啡、茶、可乐和巧克力中都含有咖啡因和相关的兴奋物质。酒精是一种中枢神经系统抑制剂，尼古丁则是一种兴奋剂，这两者都是我们广泛使用的物质。我们很少使用中性言语来描述精神活性药物及其使用。将它们描述为娱乐性使用药物会赋予它们积极的含义，而提到药物滥用则显得具有消极意义。这种消极意义可能来自道德、社会或法律方面的考虑，抑或是这些因素的共同作用。我们使用不同的语言不仅能描述药物在法律中的地位，而且它对药物使用的后果也有重大的现实意义。不可否认，酒精和尼古丁等可合法获得的物质实际上比大麻、摇头丸等毒品更危险，不仅因为它们的使用范围更广，还因为它们具有极其严重的伤害性。使用非法药物的许多危害源于使用和提供这些药物的人的犯罪行为，就像我们从美国禁酒令时期的酒精案件中看到的。

精神活性药物有时被描述为软性药物和硬性药物。虽然这种区分有许多内涵，但其核心还是依据哪种药物更容易导致成瘾（addiction）。成瘾是一种强大的、往往具有破坏性的个体动机体现形式，一般而言成瘾是具有生理基础的。为了理解成瘾，我们首先需要了解药物的一般特性。

耐受性是怎么产生的

长期或反复使用大多数药物都会导致条件药物耐受性（contingent drug tolerance）。耐受性是指对药物效用敏感性降低的状态。由于敏感性降低，个体就需要通过增加剂量来克服耐受性的影响，从而获得摄入药物带来的效果。大多数药物具有不止一种作用（如可卡因是一种局部麻醉剂，同时也能加强心率和一些运动反应，并使人产生愉悦的感觉）；相反，如果摄入药物带来的作用是不需要的，我们就称之为副作用。对于药物带来的多种作用，人类对其耐受性的发展速度是不尽相同的。对于某些效应来说，人类甚至可能完全不会产生耐受性。这一点对于使用特定的精神活性药物具有极大的重要性。例如，对海洛因等阿片类药物的兴奋作用的耐受性，通常比躯体作用的耐受性发展得更快。对酒精或烟草的厌恶作用的耐受性同样发展迅速，但对其他作用（如醉酒）的耐受性则发展较慢。对巴比妥酸盐（barbiturates）的催眠（诱导睡眠）和镇静（放松）作用的耐受性不会伴随摄入致命剂量而有任何变化。随着条件药物耐受性的出现，摄入者无一例外不得不增加摄入药物的剂量以获得与预期相同的心理效果，但这样做同样也会使自己承受更大的且不必要的药物副作用，其中一些副作用可能是十分危险的，甚至是致命的。

条件药物耐受性可分为两大类：（1）代谢耐受性（metabolic tolerance）是指药物到达其作用部位的剂量减少，通常是由药物在肝脏等部位的代谢量增加所致；（2）功能耐受性（functional tolerance）是指由细胞膜结构或受体数量的改变而引起的作用位点的反应性降低。对精神活性药物来说，其耐受性主要是功能性耐受。

虽然功能性耐受主要是生物化学或生物力学变化的结果，但它同时也受到学习过程的影响。特别是已有研究表明，对特定药物效应的耐受性取决于个体的体验效应，而不仅仅是摄入药物，这就是所谓的潜在的条件药物耐受性（contingent drug tolerance）。例如，酒精具有抗抽搐作用，可减少电击引起的头部抽搐。在皮内尔（Pinel）、玛娜（Mana）和金（Kim）的一项研究中，一组大鼠在每次受到一系列电击之前都摄入了酒精。这一操作最初确实阻止了大鼠的抽搐反应，但随着多次实验的进行，条件药物耐受性开始建立，结果就导致动物经历的抽搐时间越来越长；与此相反，第二组大鼠接受了相同剂量的酒精注射，但不同的是第二组大鼠在电击后注射酒精，因此没有起到任何抗抽搐作用。在最后一次实验中，通过在电击前注射酒精，第二组大鼠的抽搐反应被完全阻断，而第一组则几乎没有表现出酒精的抗抽搐作用。所以，尽管对这两组大鼠施加了相同数量的电击和相同剂量的酒精，但只有那些摄入酒精后产生了抗抽搐反应的大鼠才会形成条件药物耐受性，即那些经历过药物作用的大鼠会产生耐受性。

条件药物耐受性的情境特殊性（situational specificity of drug tolerance）也许起着更重要的作用。在一项研究中，研究者探究了大鼠对酒精降低体温作用的耐受性。在研究中，一组大鼠每天被在两个不同的笼子中，交替注射酒精和生理盐水。经历 20 次注射后，所有大鼠都对酒精的作用表现出完全的耐受性，即当注射酒精时体温并没有降低。然而，只有在与酒精配对的笼子中给大鼠注射酒精时才会出现这一现象。而当大鼠在先前注射生理盐水的笼子里接受酒精注射测试时，则完全没有表现出耐受性，体温下降的幅度与第一天一致。因此，耐受性是在特定情境下产生的。

这一问题的重要性在于，人类娱乐性使用药物会使其对摄入的药物产生耐受性，因此必须通过增加剂量才能获得与先前同等的效果。如果这种耐受性是在特定的地方形成的，那么在新的地方注射较大剂量的药物就会伴随有因过量摄入而死亡的风险。也就是说，药物过量摄入是位置特异性的。针对这一推测，研究者们利用老鼠进行了验证。在该研究中，实验人员向已经对海洛因产生耐受性的老鼠注射了更高剂量的海洛因，而在新的环境中注射海洛因的老鼠比在通常环境中注射海洛因的老鼠死亡的可能性高 50%。

药物耐受性也将直接导致戒断症状（withdrawal symptom）。一般来说，这些戒断症状通常与药物摄入带来的效果是相反的。例如，摄入海洛因会让人产生欣快感和放松感，而戒断海洛因却导致抑郁和焦虑。同样地，停止服用安眠药后会产生失眠的戒断症状。人们认为，戒断症状是由耐受过程中建立的代偿性变化造成的。西格尔（Siegel）曾描述过这些代偿性变化是如何成为与药物相关的环境线索条件的（包括人、地点和工具），也正是这些线索的存在提高了戒断反应的强度。

依赖就一定会成瘾吗

药物依赖（drug dependence）是指一个人需要通过摄入某种药物才能正常生活的状态。例如，癫痫患者对他们所服用的抗抽搐药物有依赖性；如果停止服用这些药物，他们就会出现抽搐症状。同样，患有胰岛素依赖性糖尿病的人，如果不注射胰岛素就会因陷入昏迷而死亡。个体对依赖性药物的戒断与娱乐性使用药物后建立的耐受性之间的相似性表明，依赖是成瘾的基础。"依赖"一词经常被当作"成瘾"的同义词来使用，然而尽管成瘾和依赖经常一起出现，但我们有充分的理由将这两者作为互相独立的过程来对待。对一种物质产生依赖但不成瘾是有可能的，例如一般认为癫痫患者对抗抽搐药物和糖尿病患者对胰岛素成瘾是没有意义的。

那么，什么是成瘾？对成瘾和依赖进行区分是十分重要的，实际上这种区分有助于我们理解成瘾的原因。针对本章内容的目的，我们将成瘾定义为：成瘾是一种状态，其特征是过度沉迷于摄入某种药物，并且在停止摄入该药物后极易再次开始摄入的现象。

为什么戒瘾那么难

成瘾是为了避免戒断反应吗

长期以来，最为广泛接受的成瘾解释理论就是躯体依赖理论。该理论认为，一旦服用某种药物的时间足够长，那就足以引起耐受（相当于依赖），而停止服用该药物就会导致戒断症状。由于个体对戒断症状是厌恶的，因此成瘾者为了避免这种戒断症状会选择继续摄入药物以维持其成瘾性。基于这一特性，相关成瘾治疗方法重点关注逐步减少药物的摄入剂量。特别是在酒精成瘾治疗中，这个过程被称为脱毒（detoxification）。如果成瘾是个体试图避免戒断反应而维持的，那么让成瘾者度过戒断反应阶段应该会得到良好的长期治疗效果，即防止再次摄入该药物。遗憾的是，结果并不理想：很大比例的成瘾者会再次开始摄入使其成瘾的药物。

当然，也有一些与成瘾的躯体依赖理论相悖的观点。戒断理论预测，成瘾者不一定必须维持血液中药物的恒定水平，他们经常会陷入过量摄入和戒断的循环中（无论是自愿地为了适应正常的社会和工作生活，还是由于负担不起或被监管），这种自然发生的脱毒并不会导致成瘾的丧失。现在我们清楚了，成瘾并不一定涉及依赖。一方面，药物潜在的依赖性和耐受性之间没有明确的关系；另一方面，它们与导致成瘾的可能性之间也没有明确的关系。例如，可卡因具有很强的成瘾性，但人不会产生很强的耐受性，也不会出现很严重的戒断症状；相反，依赖也不一定会导致成瘾，这一点在许多治疗药物上表现得很明显。依赖模型并没有解释清楚为什么成瘾一开始就存在。最后一个原因来自对动物体内局部药物作用的研究。

在本章前面部分，我们曾指出，任何一种药物都具有一种以上的效果。这是因为一种药物附着在不同位置的受体上，依据位置的不同产生了不同的效果。虽然阿片类药物的兴奋作用是通过作用于中脑边缘多巴胺系统（mesolimbic dopamine system，MDS）产生的，但阿片类药物的其他作用则是由它附着在其他地方的受体上而产生的。例如，镇痛作用源于其作用于 PAG 受体。有研究者发现，通过训练大鼠自我给药使其作用于 MDS 可以达到成瘾效果，而停止自我给药不会导致戒断症状。然而，如果阿片类药物反复作用于 PAG，在停止注射后就会出现了戒断症状。这一结果表明，阿片类药物注射的正性强化（可能是成瘾）结果和戒断的负性结果之间的机制是分开的。

但是，我们也不能完全忽视逃避戒断的问题，因为处于戒断期的成瘾者通常都会不顾一切地获取药物以结束戒断症状，这一点是十分肯定的。

成瘾更多是因为正性奖励吗

最近，一种正性激励理论逐渐被广泛接受。这一理论认为，成瘾的维持不是靠逃避戒断期产生的厌恶反应，而是靠摄入药物带来的奖赏性结果。也就是说，个体是对药物的正性作用上瘾，而不是要避免戒断带来的负性后果。不过，很多行为都具有奖赏性，虽然其中一些行为被描述为成瘾行为（我们将在后面分析这些行为），但大多数理论都认为药物成瘾是有所不同的。根据正性激励理论，成瘾的生理基础在于中脑和前脑的多巴胺能回路。

哪些系统决定着我们是否成瘾

奥尔兹（Olds）和米尔纳（Milner）将电极植入大鼠的中脑区域，并设置成大鼠每按一次实验笼中的杠杆，就会引起短暂的电流爆发，从而传递到电极端。大鼠很快学会了按压杠杆，并且反应非常迅速。因此，电刺激具有奖赏特性，强化了大鼠之后的按压杠杆行为。后续研究也在包括人类在内的其他物种中得到了类似的结果。对人类来说，自我刺激的体验通常是一种非特异性的愉悦感，尽管有时也被报道为具有性的本质。中枢奖赏回路中涉及的最重要的网络是中脑边缘多巴胺系统。内侧前脑束，也就是奥尔兹和米尔纳设置电极的地方，现在看来很可能是起到了将信息从网络系统的一个部分（黑质和腹侧被盖区）传递到其他部分［伏隔核（nucleus accumbens）、杏仁核和前额叶皮层等］的作用。

奥尔兹和米尔纳声称，他们发现的位置是大脑的天然奖赏回路。也就是说，他们在自我刺激研究中所做的是通过忽略外部奖赏来源来"缩短"通常的学习过程。多年来，人们对这一观点的接受度一直在减弱，因为人们首先注意到这种学习似乎与获得外部资源奖励的学习具有不同的特性。随后，研究者们发现，这些明显的差异是由不同的实验设置造成的。特别是自我刺激研究中的动物没有处于剥夺状态，它们缺乏适当的目标对象，并且反应和奖赏之间没有延迟。当消除这些差异后，外部奖赏行为更像自我刺激。外部奖赏的结果与化学刺激和阻断 MDS 部分区域的结果之间也有相似之处，因此被刺激的脑区是通常的奖赏回路脑区的观点随后又成为主流观点。然而，萨拉蒙（Salamone）、卡曾斯（Cousins）、斯奈德（Snyder）1997 年总结了一些证据，表明 MDS 回路并不是负责自然强化的回路。他们认为，刺激和受体阻断药物在这些回路中的作用与外部奖赏和消退的作用之间的相似之处仅仅是表面的，仔细观察就会发现它们是不同的。此外，这些网络也参与了厌恶反应，因此它们并不仅仅作用于正性奖赏机制。不过，研究者们也一致认为这些网络是成瘾和其他奖赏作用的基础。

成瘾与多巴胺有什么关系

有人认为，成瘾性药物的共同特点是它们会作用于多巴胺回路，而非成瘾性药物则不同。有很多直接的证据可以证明这一点，如实验动物能学会将微量的阿片类药物注射到奖赏系统的部分脑区。将阿片类药物拮抗剂直接注射到伏隔核和腹侧被盖区会导致静脉内自我给药增加。阿片类药物以及像安非他明等成瘾性兴奋剂的许多其他奖赏性结果，都会被多巴胺奖赏系统的局部操纵破坏。

阿片类药物、可卡因、安非他明、酒精和尼古丁都作用于多巴胺奖赏系统的神经元，这是成瘾的正性激励理论的基础。它们的作用方式多种多样，例如刺激多巴胺受体（阿片类药物），或者增加多巴胺向突触中的释放量（可卡因和酒精）。这些物质都作用于相同的中枢系统，这一事实表明我们应该寻找它们之间的交互作用。在实验室研究中，大鼠经过训练能针对阿片类药物或可卡因进行自我给药，随后实验人员移除这一强化药物，最终导致该行为消退。此外，有研究发现，注射其他多巴胺兴奋剂会使自我给药行为再次出现。这很可能就解释了为何吸烟或饮酒行为会促使已经戒断药物的成瘾者再次成瘾。

怀特（White）1996 年总结了最近的研究和反对将 MDS 作为成瘾中枢神经系统变化的唯一位置的争论。在他看来，自然强化物作用于大脑中的多重记忆系统，特别是杏仁核和海马，并且有证据表明，不同类别的成瘾物质以不同的方式调节这些系统的活动。

所有人都有药物成瘾的可能吗

正性激励理论有其局限性。首先，很明显，逃避戒断症状发挥了重要的作用，正性激励理论的支持者也承认这一点。其次，该理论没有考虑到药物反应的个体差异。为什么大多数尝试摄入成瘾性药物的人最终都不会成瘾，甚至可能在很长一段时间内摄入药物却不成瘾，而另一些人却几乎立即上瘾了呢？同样地，只有少数在医院住院治疗期间定期接受阿片类药物治疗以缓解疼痛的病人会成瘾。对于这一问题，还没有清晰明了的解释，但接下来我们将探讨其中一些影响因素。

遗传因素会导致个体更容易成瘾

一些研究表明，遗传因素会导致个体更容易成瘾。酒精成瘾者的同卵双胞胎酒精成瘾的可能性是异卵双胞胎的两倍。虽然同卵双胞胎比异卵双胞胎受到更相似对待的倾向性可以部分解释这一现象，但收养研究进一步表明了遗传的作用。在婴儿时期，被非成瘾者父母收养的酒精成瘾者的子女，比同样被收养的非酒精成瘾者的子女更可能酒精成瘾。克洛宁格（Cloninger）认为，遗传对饮酒的影响最显著，因为饮酒是一种长期、稳定的行为。其他有酗酒问题的饮酒者可以被描述为酗酒者。他们偶尔会沉溺于非常高水平的酒精摄入量，但在两次酗酒之间可以戒酒很长时间。有证据表明，酗酒者的子女只有暴露在酗酒环境中才会变成酗酒者。根据我们对成瘾的操作性定义，酗酒者很可能不会被描述为成瘾者，但这并不影响遗传因素在成瘾中的重要性。

成瘾性人格使个体更容易成瘾

可以将其他的个人诱发因素看作人格特征。一些心理动力学理论家认为，有一种成瘾性人格使个体特别容易成瘾。这主要表现为依赖性，最初是对他人的依赖，但最终就是对药物的依赖。其他特征是，容易成瘾的人被描述为是冲动的、反社会的和追求新奇的。

虽然这些问题主要是通过精神分析和自我报告问卷方法来进行调查的，但也有研究者提出了其中可能的生理基础。克洛宁格曾指出，许多针对具有冲动性、反社会特征的容易酒精成瘾的人的研究表明，他们的脑脊液分解产物中的 5- 羟色胺和多巴胺水平很低。克洛宁格认为，多巴胺的缺乏表明这些人的奖赏系统不够活跃，导致他们追求某种感觉，包括摄入药物带来的感觉。同时，5- 羟色胺的缺乏表明调节厌恶性刺激效应的 5- 羟色胺能系统也不活跃，使他们对惩罚和社会不认同的反应更弱。另一个相关的、在社会心理学中被讨论得更广泛的就是自尊，而成瘾者被描述为曾经有过低自尊的经历。许布纳（Huebner）认为，低自尊可能与奖赏机制不活跃有关，以低自尊为特征的进食障碍可以被视为一种成瘾行为。

社会文化因素和成瘾有何关系

当家庭或社会群体容忍成瘾性物质时，特别是当成瘾性物质是家庭或社会文化的重要组成部分时，成瘾性物质摄入和由此产生的物质成瘾就会更普遍。酒精和尼古丁成瘾远比阿片类药物成瘾更普遍，因为我们的社会容忍（甚至可以说我们通过广泛的广告来鼓励）使用这些物质。当个人感受到来自家庭或社会的压力时，成瘾性物质使用也更普遍，因此在贫困地区和社会经济地位较低的群体中成瘾性物质的使用十分普遍。

　　家庭中的人际因素，如父母示范成瘾性物质的使用，或紧张的家庭环境，也会使个体容易使用成瘾性物质。有些学者试图完全参照这些社会文化因素来解释成瘾性物质的使用和成瘾。然而，这忽视了我们在本章中介绍的所有其他因素的相关性。我们应该得出这样一个结论，成瘾是在社会文化因素与其他个体以及生物因素的共同作用下产生的。

形形色色的成瘾

　　最后一点要考虑的是，成瘾的概念是否可以适用于药物摄入以外的事情。许多权威人士将这一术语应用于广泛的行为层面，包括赌博、性、购物、运动、电脑游戏以及上网。在日常生活用语中，成瘾这个词的使用范围更广泛。我们先前提出的成瘾的定义，将这个词的使用仅限于药物摄入。如果我们不按照前文给出的定义来说明，那么将其应用于上述列举的各种行为也是完全合理的。例如，罗森塔尔（Rosenthal）和乐禧瑞（Lesieur）表明，病态赌徒表现出类似于耐受的行为（赌博时间和赌注大小的增加），同时报告了各种戒断症状（渴求、失眠、头痛和心悸），并伴随有高度的复发倾向。

　　但是，这种类比能成立吗？只有当我们能够证明赌博和海洛因成瘾不仅仅是表面上相似时，把赌博和海洛因成瘾说成同一类行为才有意义，尽管更深层次的联系可能是生理或心理上的。就像药物成瘾者经常摄入一种以上的成瘾药物一样，赌博和药物摄入也往往是同时发生的。林登（Linden）、波普（Pope）、乔纳斯（Jonas）的一项研究发现，在参与实验的匿名赌博成瘾者样本中，有一半的人报告说有酗酒或其他药物摄入问题，而莱斯库（Lesicur）、布卢姆（Bloom）、佐帕（Zoppa）1986 年的一项大样本研究表明，在酒精成瘾者和其他药物成瘾者中，有 20% 的人同时存在赌博问题。伯格（Bergh）等人 1997 年研究了病态赌博成瘾者的神经递质活动，结果发现这些成瘾者的多巴胺释放量显著提高，表明其奖赏系统参与其中；此外，去甲肾上腺素的释放量也显著提高，这反映了个体的注意过程。然而，赌博成瘾者和对照组参与者脑脊液中的 5- 羟色胺水平没有显著差异，表明赌博与强迫性障碍没有生理层面的关系，而强迫性障碍似乎确实表现出 5- 羟色胺活性升高。

从本章介绍的内容中可以很清楚地看出，产生愉悦感是成瘾的一个基本特征。但是，仅仅说愉悦是成瘾的基础显然是不够的。令人愉悦的行为并非都会使人成瘾，或者至少说成瘾性并非都相同。也许，成瘾需要靠产生愉悦感以及避免戒断反应相结合来维持？或者说，我们能否证明药物成瘾和成瘾行为具有相同的神经基础？我们在前文中已经指出，许多学者认为药物成瘾的神经回路同时是那些负责行为强化的回路，因而也是负责学习的回路。如果的确如此，那么所有带有愉悦结果的行为都必须通过刺激这些神经回路产生兴奋。成瘾性药物具有最直接的作用，因为它们会附着在神经回路中的受体上，或以其他方式直接影响该区域的生化反应过程。还有一些我们认为会成瘾的行为，例如运动，已知运动会增加人体中内啡肽的分泌，内啡肽是一种神经递质，其受体受到阿片类药物的刺激。一种行为促进内啡肽分泌的程度很可能与成瘾的可能性有关。研究表明，赌博成瘾者体内的内啡肽循环水平出乎意料地低，所以赌博是他们缓解这种不足的一种方式。

　　我们距离对成瘾的所有方面做出令人满意的解释还有很长的路要走。显然，中脑边缘多巴胺系统回路是成瘾的核心。但我们仍需要更为完整而全面地解释它是如何受到遗传因素的影响，以及人格、社会和文化因素是如何相互作用导致成瘾的。

知识提升

　　精神活性药物，特别是咖啡因和酒精，在我们的生活中被广泛使用。长期摄入某种药物会导致代谢耐受性和功能耐受性。功能耐受性是绝大多数精神活性药物耐受性的基础，它涉及药物作用部位受体的变化，并受学习效果的影响；此外，还有潜在的条件药物耐受性，即耐受性取决于摄入药物时的作用效果体验，以及情景特异性，即耐受性取决于与摄入药物相关的环境刺激。后者如果在不熟悉的环境中进行，就会导致药物摄入过量。药物耐受性也会导致戒断症状；代偿性变化引起的反作用是在耐受性的发展过程中建立起来的。物质依赖是指如果没有摄入药物就无法完成正常工作，那么有可能仅是依赖而不会成瘾（例如在许多治疗情境中一样），也有可能是成瘾而非依赖（例如可卡因）。成瘾的躯体依赖理论将其归结为避免因依赖而产生的戒断反应的负面后果。当然这并不是一个充分的解释，因为成瘾和依赖并不完全相同，而且逐渐戒断一种药物，消除其带来的戒断症状，也并不能防止频繁地重新开始摄入该药物。正性激励理论认为，人们对药物的奖赏性上瘾是由其大脑中的中脑边缘多巴胺系统的奖赏机制为中介的。所有的成瘾性药物都直接或间接地作用于这个系统，结果导致多巴胺的浓度增加。正性激励理论需要与回避原则相结合，才能更好地解释成瘾问题。遗传、人格和社会文化因素都会影响药物摄入以及成瘾的可能性。目前我们还不清楚赌博以及其他非药物"成瘾"是否与药物成瘾有着相同的机制。它们之间既有相似之处，也有不同之处。

第 9 章

那些人类特有的动机

以往的研究对人类行为的动机没有给出一个令人信服的解释，大多数读过前面章节的人可能都会同意这个观点。即使我们认为人类的行为最终与其他物种的行为一样，都是由增加我们的基因在后代中的代表性这一潜在需求驱动的，这也并不是对人类日常行为令人满意的解释。我们也不太可能相信那些看似特别的人类动机是从我们已经看到的生物动机中简单的学习原则衍生出来的。在前面的章节中，我们已经看到了一些学习和文化的影响，它们影响着我们对基本驱力的满足。在这一章中，我们将简要地看一看那些被认为比其他物种更具有人类特征的动机。

我们可以将在本章中探讨的动机称为认知和社会动机。关于这些动机的研究大多是在社会心理学而非生理心理学的框架内进行的。虽然生理概念的使用在社会上和在心理学的其他领域一样普遍，但是在任何细节上考虑社会动机都超出了本书的范围。我们将主要关注它们的生物学意义和连续性。本章最后将简要概述动机的心理生物学解释的作用。

好奇心——无法被满足的驱力

好奇心是动机的一种，我们可以称之为认知动机，它在人类和其他动物中很常见。动物通常会探索新的环境。例如，猴子会在没有任何外部奖赏的情况下反复打开一个关着的笼子。简单地说，有一种基本的好奇心需要被满足，就像有一种饥饿的欲望需要被满足一样。然而，有人认为，好奇心驱动的行为不像饥饿会减少驱动的动机，它不会让人感到满足。也就是说，当探索的诱导行为发生时，这种驱力似乎并没有减弱。这将为这种行为的驱力减少理论提出一个问题：如果有探索的驱力，那么当探索发生时，它应该被减少。

然而，我们在第8章中看到，对驱力的满足可能（至少部分上）需要特异性的刺激。也就是说，当一个新的刺激对象被提供给动物或人时，会使其行为重新开始（感官特异性饱腹感）。好奇心也会驱使发生同样的事情。例如，一只老鼠会在没有外部奖赏的情况下探索迷宫，但当它熟悉迷宫时，很快就会停止探索。同样地，当一种新情况的新奇感逐渐消失时，人类也会感到无聊。然而，把老鼠放在一个新的迷宫里，或者给人一些新的东西思考，探索行为或兴趣就会重新被点燃。与此不同的是，人们似乎不再有长期的饱腹感。我们不能无限期地引进新的食品，这最终会产生普遍的饱腹感。当然，这似乎与好奇心无关。

从生物学角度讲，这是有道理的。大多数其他生物驱力的潜在需求是那些可以偶尔得到满足并可能满足特定组织缺陷的需求。好奇心可能是基于对环境的感知需求，以便能够有效地应对威胁等。因此，每当环境的某个方面发生变化时，都需要对其进行探索。防御性攻击也是如此。无论何时，动物需要在它或它的地位受到威胁时做出反应，而且就像好奇心一样，攻击是得不到满足的。

唤醒水平决定行为表现吗

在 20 世纪 50 年代，一些理论家，例如赫布（Hebb）提出了这样的观点，即任何活动的表现都有一个最佳的唤醒水平，并且我们积极地保持着这种唤醒水平。如果我们的唤醒水平低于最佳水平，我们会对现有情况感到厌倦，并对不同刺激产生兴趣，以寻求新奇刺激或其他类型的刺激，从而提高唤醒水平。这可能是好奇动机的基础。同时，如果唤醒水平上升到最佳水平以上，那么我们将经历焦虑和苦恼，并将从事降低唤醒的活动。最佳唤醒方法和我们之前观察到的驱动方法之间的重要区别在于，在驱力减少理论中，完美行为总是会减少驱力，正如我们在第 1 章中看到的，驱力已被概念化为一种提高的唤醒状态。

驱力减少理论预测了动机和表现之间的线性关系［见图 9-1（a）］。相比之下，动机的最佳唤醒观点的一个后果是，如果相关的唤醒高于行为的最佳唤醒，则高水平的动机实际上可能会扰乱行为。超最佳唤醒被认为是焦虑等状态或外部条件，如高温或噪音会使性能降低。这种作用体现在表现与唤醒之间的倒 U 形曲线上［见图 9-1（b）］。任务越复杂，最佳唤醒水平就越低，这种关系常常被称为耶克斯 - 多德森定律。假设当需要在竞争性反应中做出选择时，更高水平的唤醒促进主导反应的表现后会造成行为紊乱。更复杂的任务有更多的竞争性反应，因此它们的最佳唤醒水平较低。

因此，唤醒理论家将好奇心驱动的行为看作试图提高次优水平的觉醒，这种行为会令人厌恶（例如无聊）。这方面最明显的例子来自对感觉剥夺的研究，在这种研究中，被试被置于一个刺激被减少到最低限度的房间中。研究发现，对被试而言这是非常不愉快的经历，他

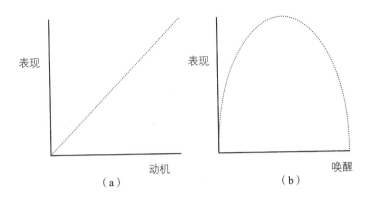

（a）学习理论中的动机和表现的线性关系
（b）表现和唤醒的倒 U 形关系表现

图 9-1　动机和表现以及唤醒和表现之间的关系

们经常要求提前结束实验。从唤醒理论的观点来看，这表明被试由于受到次优水平的唤醒而需要刺激。但这不是好奇动机令人信服的解释。不做任何事情的最佳唤醒水平应该很小，感觉剥夺的被试理应很满足。很显然，对于探索行为和好奇心，还需要某种其他类型的解释。

　　为了将探索行为和最佳唤醒的明显驱力的其他方面纳入与其他形式的动机相同的驱力减少框架下，伯莱因（Berlyn）提出我们总是试图将我们的唤醒水平降低到可能的最小值，以便使最佳水平实际上为零。与倒 U 现象明显的矛盾之所以出现，是因为我们发现太简单和太复杂的环境都无法使人高度唤醒，因而令人厌恶。感觉剥夺不仅令人感到不愉快，而且伴有觉醒的自主表现，这个事实说明了这一点。因此，动机行为的目的不是寻求最佳的唤醒水平，而是寻求提供最小唤醒的情况，并且这种情况的复杂性和新颖性要适中。

什么是自我整合

许多人类动机被描述为自我整合，即个体存在着旨在调节自我认知和自尊的动机。个体具有与理解、控制、自我实现、成就和认知一致性相关的需求。我们将在后面讨论认知一致性动机。在这一部分，让我们来看一下另一个自我整合的动机——成就动机，它已经得到了大量的关注和研究。虽然这在社会心理学中是一种极具影响力的方法，但从心理生物学的角度来看，我们对此几乎无能为力，所以我不会花太多时间来讨论它。

成就需求——普遍而重要的人类动机

从 20 世纪 50 年代到 70 年代，对成就的需求是自我整合动机研究中研究得最深入的领域。它是由默里在 1938 年提出的一个普遍而重要的人类动机。麦克莱兰德和阿特金森以及他们的同事在 20 世纪 50 年代发起了一个研究项目，研究自我实现的需要，他们将其定义为成功获得卓越标准的需要。早期对成就动机的研究使用了一种被称为主题统觉测试的投射测试（projective test）。在这种测试中，一个人会看到实验人员展示的模糊的图片，并被要求讲述图片所代表的故事。个体动机反映在解读故事的主题上。饥饿的人往往会讲出包含食物主题的故事，而那些被引导相信自己未能通过领导力素质测试的人的故事则包含与表现和目标实现相关的主题。这些被解释的主题表明这些人在领导力测试中失败后，对成就会有更高的需求。

成就动机理论是由阿特金森和麦克莱兰德在接下来的 20 多年里独立发展起来的。阿特金森将成就动机的机制与情境的情感结果紧密联系起来了。当面对挑战时，个人会在趋近和回避倾向之间经历冲突。尝试挑战会导致矛盾的情绪：如果成功应对挑战，就会产生积极的情感预期（尤其是骄傲）；如果尝试失败了，就会产生消极的情感预期（如羞耻），这导致了趋 – 避困境；对成功的希望与对失败的恐惧相互平衡。个体接受挑战（趋近）的倾向是由个人对成就的需求、感知的成功概率和成功的奖赏价值（奖赏）的结合决定的。同样，回避倾向是由个人对失败的恐惧、失败的感知概率和失败的负面奖赏价值（会经历多少羞耻）造成的。一个人面对挑战时的行为是由趋近和回避这种情况的倾向的强弱决定的。

　　从生物学角度来看，成就动机可能是个人获得地位和权力的一种方式，类似于在其他物种中不断努力提升"等级"。

为什么认知一致性是人类的主要动机

　　在 20 世纪 50 年代末至 60 年代，另一个突出的方法是认为人类动机的主要来源是需要保持我们认知（信仰、态度、感觉和知识）的一致性。对于这些认知一致性理论，讨论最广泛的是费斯汀格（Festinger）的认知失调理论。基本上，这表明每当人们经历认知不匹配时，他们就会经历不和谐的状态。不和谐是动机性的，会导致减少不匹配的行为，从而减少不和谐。动机不一定会导致外显行为，但可以导致认知的改变。例如，当向吸烟者提供吸烟有害健康的证据时，吸烟者就被置于一种不和谐的状态，因为两种认知（"我吸烟"和"吸烟是危险的"）是不一致的。因此，他们的动机是减少不和谐。由于不和谐介于两种认知之间，因此人们可以通过改变其中一种或两种认知来减少不和谐。减少不和谐的动机的强度是由不和谐认知的数量以及它们对个人的重要性决定的。

这种理论存在的一个问题是，它没有具体说明如何减少不和谐。显然，即使只有两种认知不一致，其中任何一种也都可能被改变。认知失调理论引入了一个概念，即认知对变化的抵抗程度不同。那些不太抗拒改变的人最有可能被改变以减少不和谐。举例来说，吸烟者可以停止吸烟或可以改变对吸烟不利影响的认知。戒烟可能非常困难（抗拒改变），吸烟者更有可能改变对副作用的认知。例如，他们可以找到不接受证据的理由（例如，"这只是相关的或基于对狗的研究"），或者减少证据与他们的相关性（例如，"我没有其他风险因素"），或者他们可以关注吸烟的明显好处（例如，"它有助于我放松"）。在更复杂的不和谐情况下，抗拒改变的因素不太可能足以告诉我们，作为减少不和谐的动机的结果，会做出什么类型的行动或改变。

随后，对认知失调理论的讨论要么集中在失调状态本身的性质上，要么集中在导致失调的情况上。不和谐的状态被描述为完全像一种生物驱动，与提高的生理唤醒有关。然而，对生理变化的直接测量并不总是表明导致不和谐的情况会引起唤醒。此外，当唤醒被诱导时，它不一定伴随着认知变化；或者相反，当认知变化发生时，并未伴随着唤醒降低。

我们为什么需要社会互动

人类行为被隐含或明确地嵌入社会框架中。因此，人类不仅期望其行为会受到社会因素的影响，还期望社会互动为个人提供动力来源。

我们可以用不同程度的目标特异性来识别和标记大量的社会动机。在本章我们考虑的一些动机中，我们将观察到人类行为与其他物种行为之间的相似之处。考古证据表明，人类进化成可以居住在多达 50 人的群体中，这与我们的近亲黑猩猩相似。考虑到群体的属性，现代生物学坚持认为，奖赏过程很可能在进化过程中已经促进了群体的功能，从而最终使个体受益。

加入团体好过单打独斗吗

加入一个社会团体最简单的动机效应最早记录于 100 年前，当时特里普利特（Triplett）指出，骑自行车的人在与他人直接竞争时比独自骑行时更快。众所周知，对社会促进的一致研究是在扎荣茨（Zajonc）的评论和理论分析之后进行的。这里将提到社会促进的两个特点：（1）这种影响可以在许多其他物种，包括鸡、鱼和老鼠中观察到；（2）同一物种的其他成员的存在并不总是会提高性能，有时性能会恶化。

扎荣茨对这些影响的解释是，同一物种的另一个成员的存在会引发一种与动物现有的驱力状态相结合的觉醒状态。正如我们之前看到的，驱力增加的效果取决于所采取的行为的性质。简单或训练有素的任务的表现得到了提高，因为更高的驱力有助于引发正确的主导反应，而困难或新任务的表现由于竞争和不正确行为的促进而恶化。直到 20 世纪 70 年代末，这种关于社会存在效应的驱力理论才占据主导地位，尽管扎荣茨（Zajonc）认为唤醒反应是一种"天生的"反应。这一观点遭到了科特雷尔（Cottrell）的质疑，他认为如果在场的其他人被蒙住眼睛，表现不会受到影响，就表明这种效应源于习得。

最近有人提出了人类社会促进现象的替代概念。格林（Guerin）得出结论，这种影响与被试在这种情况下对他人行为的不确定性有关；而巴伦（Baron）认为这种影响是一种导致认知过载的分心。这些观点中的任何一个都解释了大部分现有证据。巴伦的观点并不依赖于这种假设，即这种影响是由觉醒的增加所介导的。

我们为什么在意给人的印象

当其他人比主体具有更高的感知地位时，以及当其他人是陌生人而不是朋友时，社会存在效应就被证明更大了。这支持了这个观点，即社会存在的促进或破坏效应源于对他人如何评价自己和对自己的关注。这种担心被称为评估恐惧，它是一种更普遍的动机表现，即尽可能好地展示自己。社会心理学家称自我呈现动机为印象管理，并将其视为一种基本的人类动机。好/差的印象管理一方面会导致自尊及与之相关的骄傲、满足和快乐情绪的变化，另一方面会导致尴尬、羞耻、自怜和悲伤。

自我呈现可以被视为源于群体成员的重要性及其进化起源。好的印象管理会促进群体成员的关系（社会包容），而差的印象管理会导致社会排斥。但它也有竞争的因素，成就动机可能是这一点的一个相当普遍的表达。

对许多人来说，对团体成员资格的竞争表现为一种需要，不仅仅是为了成为团体的一员，还是为了提高自己在团体中的地位。这可以通过多种方式实现，但部分取决于个人所处的社会，例如财富、有吸引力的伴侣、教育、权威和权力地位的积累。最直接的，也是与其他物种最相似的方式，可以通过直接使用暴力来实现。

合作和利他本质也是自私吗

团体成员身份对个人来说还有另一层含义，那就是合作。像所有其他行为一样，合作是一种进化原则，因为它促进了个体基因的生存。通常这是因为它使个体更有可能存活并将其基因传递给下一代。但是在一些例外的情况下，比如像蜜蜂这样的群居昆虫，这种进化原则不能以这种方式运作，因为大多数蜜蜂个体不繁殖或者不能繁殖。群居昆虫之间明显无私的合作是如何促进自私基因的？汉密尔顿（Hamilton）表明，由于雄性蜜蜂和蚂蚁奇怪的基因组成，它们的染色体只有正常数量的一半，因此雌性工蜂（工蚁）与它们的同伴（姐妹）的关系比它们与自己的后代（如果它们有后代的话）的关系更密切。这导致了一种集体生活方式的进化，这种生活方式以牺牲个体工蜂（工蚁）为代价，促进了唯一可生育雌性（蜂王和蚁后）的繁殖。这间接给了个体工蜂（工蚁）的基因在下一代延续的最大机会。

社交生活还有一个更有趣的方面。人和动物有时会做出似乎是为了满足他人需求的行为，即使这会损害自己，我们称这种行为为利他主义。但是，"如果你看一看自然选择的工作方式，似乎就可以得出这样的结论：任何通过自然选择进化的东西都应该是自私的。"因此，利他行为显然不能成为进化行为的一部分。然而，在动物世界里，利他主义的行为似乎总是可以被认为目的在于于提高个体动物自身基因的生存概率。举例来说，如果一只鸟摆出拼命的样子，将捕食者从幼鸟所在的鸟巢中引开，它就有可能被杀死，但这同时也增加了鸟巢中幼鸟携带的复制基因的存活概率。父母的这种利他行为的例子很多。乍看之下，更难理解的是工蜂为保护自己的群体而螫人的行为，因为紧接着它们就会死去（内脏会随着螫人而外翻）。上面的分析表明，这种行为和合作一样，实际上是为了遗传基因的生存。

其他物种的社会群体中的利他行为也有同样的自私功能。特里弗斯（Trivers）表明，这种利他主义是互惠的，它本质上是以一种"你帮我，我也帮你"的方式演变而来的。也就是说，只要实施利他行为的成本低于从利他行为中的收益，从长远来看，施予者和接受者都会受益。典型的例子就是食物分享。如果一只动物一次获得的食物超过了它所能消耗的，它通常就会允许其他成员食用。这对个体来说几乎没有什么代价，因为它已经吃饱了，个体在未来很可能会转而成为这种行为的接受者。

诺瓦克（Nowak）和西格蒙德（Sigmund）认为，合作和利他主义进化的最普遍机制是间接互惠，这对个人的好处其实不太明显。在他们看来，合作和利他主义带来了优势，因为个人被看作社会群体中有价值的成员，并能从中受益。所以，动物世界的一切利他行为本质上都是自私的。

人类也有采取利他行为的能力，可以说这是由利他动机驱动的。这本质上也是自私的吗？诺瓦克和西格蒙德认为，间接互惠是人类社会进化的关键的一步。这样说可能看起来有些讽刺，但我们可以把所有人类的利他主义都解释为自我服务，即使其回报发生在死后。在日常生活中，我们可以获得骄傲、满足和地位，也可以积累潜在的互惠行为，或者通过无私的行为间接成为好公民。

超越生物心理学解释动机

很明显，我们在本书中关注的生理驱力和我们在本章中看到的动机类型之间存在着巨大的差异，然而也有许多相似之处。正如我们所看到的，许多认知和社会动机类似于生理动机，以至于它们似乎都是基于满足我们这些需求的驱力（无论是生理的、认知的还是社会的）。据推测，在这些驱力的背后是常见的觉醒状态。要唤醒激发动机，需要靠内部和 / 或外部线索同时引导它。

社会生物学可以指出许多人类行为与其他物种行为之间的相似之处，并认为我们所做的许多事情都源于为其他物种的生殖目标服务的行为。但是我们必须小心，不要让这些相似之处使我们相信我们因此理解了这些人类行为。人类可以控制对动机的满足，对于基本的生理驱动、认知及社会动机都是如此。我们不应该接受"婚外性行为是为了提高生殖成功率"这样荒谬的观点，正如我们坚决认为谋杀儿童是犯罪行为。我们在动物中会发现有成年个体杀死未成年个体的现象，例如，当一头狮子接管了一个狮群时，它会杀死所有现有的幼狮。

关键的一点是我们能够避免遵循这些生物学目标。回到利他主义上，当然，我们不可能确定人类的利他主义本质上是不是自私的，或者它是否具有其他物种的进化意义。正如道金斯所说："人类的另一种独特品质可能是能够坚持真诚、无私、真正的利他主义。我希望如此……"

好奇心是一种普遍的认知动机，大概是基于对熟悉环境的生物需求，以便能够最有效地应对紧急情况。好奇心的生理基础之一是保持一定程度的唤醒要求。如果唤醒水平太低，就需要寻求刺激，最简单的方法是探索周围的环境。成就动机是一种自我整合的动机，但尚未从心理生物学的角度对它进行研究，尽管可以说它是在其他物种中促成社会等级形成的竞争力的人类表现。认知失调理论认为，我们有一种基本的动力来保持信念、态度和行为的一致性。不一致被认为会导致一种驱力状态，等同于唤醒，这必须通过减少不和谐来实现。仅仅是他人的存在就会产生奖赏性的后果。这也可以解释为唤醒的增加与要执行的任务的复杂性的相互作用，它们强化或破坏了表现。社会存在的一些影响可以解释为人们需要以尽可能好的方式展现自己，也可以将其归因于身份等级中的生物起源。合作在其他物种中很普遍，明显的利他主义也存在。我们总是可以证明，这些行为服务于增强个体基因存活的一般原则，这是否适用于人类利他主义尚无法确定。

图书在版编目（CIP）数据

人类动机：行为背后的七情六欲 / （英）休·瓦格纳（Hugh Wagner）著；白学军等译. -- 北京：中国人民大学出版社，2021.7
ISBN 978-7-300-29443-8

Ⅰ．①人… Ⅱ．①休… ②白… Ⅲ．①心理学 Ⅳ.
①B84

中国版本图书馆CIP数据核字(2021)第106571号

人类动机：行为背后的七情六欲

［英］休·瓦格纳 著

白学军 等 译

Renlei Dongji：Xingwei Beihou de Qiqingliuyu

出版发行	中国人民大学出版社	
社　址	北京中关村大街 31 号	**邮政编码**　100080
电　话	010-62511242（总编室）	010-62511770（质管部）
	010-82501766（邮购部）	010-62514148（门市部）
	010-62515195（发行公司）	010-62515275（盗版举报）
网　址	http：//www.crup.com.cn	
经　销	新华书店	
印　刷	北京联兴盛业印刷股份有限公司	
规　格	148mm×210mm　32 开本	**版　次** 2021 年 7 月第 1 版
印　张	5.125　插页 2	**印　次** 2023 年 11 月第 2 次印刷
字　数	120 000	**定　价** 59.00 元

北京阅想时代文化发展有限责任公司为中国人民大学出版社有限公司下属的商业新知事业部，致力于经管类优秀出版物（外版书为主）的策划及出版，主要涉及经济管理、金融、投资理财、心理学、成功励志、生活等出版领域，下设"阅想·商业""阅想·财富""阅想·新知""阅想·心理""阅想·生活"以及"阅想·人文"等多条产品线。致力于为国内商业人士提供涵盖先进、前沿的管理理念和思想的专业类图书和趋势类图书，同时也为满足商业人士的内心诉求，打造一系列提倡心理和生活健康的心理学图书和生活管理类图书。

《人性实验：改变社会心理学的 28 项研究》

- 诠释了 28 个经典的关于人性的实验，揭示了在 28 个常见的生活和工作情境下，人的决定、行为、感受、情绪会受到哪些因素的影响。
- 一本洞察人性、反思自我、思考社会现象的醍醐灌顶之作。

《思维病：跳出思考陷阱的七个良方》

- 美国知名思维教练经全球数十万人验证有效的、根除思维病的七个对策。
- 拆解一切思维问题，让你拥有"非同凡想"的思考力，成为问题解决高手。

《好奇心：保持对未知世界永不停息的热情》

● 樊登读书 2018 年度 50 本好书之一。
● 一部关于成就人类强大适应力的好奇心简史，一本可以唤醒沉睡已久的好奇心、让生命力爆发的神奇之作。

《情绪自救：化解焦虑、抑郁、失眠的七天自我疗愈法》

● 心灵重塑疗法创始人李宏夫倾心之作。
● 让阳光照进情绪的隐秘角落，让内心重拾宁静，让生活回到正轨。

《战胜抑郁症：写给抑郁症患者及其家人的自救指南》

● 美国职业心理学委员会推荐。
● 一本帮助所有抑郁症人士及徘徊在抑郁症边缘的人士真正认识抑郁症并重拾幸福的自救手册。

《社会学经典入门（第 14 版）》

- 一本高达 14 版次，帮助人们理解自己在今天的社会和明天的世界中的位置的社会学通俗读物。
- 被美国大学广泛采用的全彩社会学入门书。
- 北京大学社会学博士、南京大学社会学院教授风笑天领衔翻译。

《社会心理学经典入门（第 6 版）》

- 一本被美国多所名校采用的全彩社会心理学入门通俗读物。
- "长江学者"特聘教授、北京大学心理与认知科学学院博士生导师谢晓非领衔翻译。
- "说服术与影响力教父"西奥迪尼带领我们步入社会心理学课堂，探索社会背后现象、以人类目标需求为基础的心理于行为机制。

《心理学经典入门（第 3 版）》

- 一本位居美国排行榜前列的全彩心理学经典入门通俗读物。
- 帮助读者深入浅出地了解心理学全貌，体验心理学的妙趣。
- 南京大学社会学院心理学系主任周仁来领衔翻译。

《决策与判断：走出无意识偏见的心理误区》

- 从心理学层面揭示决策的过程，发现那些看似理性的非理性行为背后的认知偏见与陷阱，帮助我们避免做出错误的决定。
- 决策与判断的失败往往比成功更有启发性，而决策的质量通常比决策本身更重要。

《高效思考：成功思维训练法》

- 打破思维的壁垒，让你的每一次决策更加准确、有效。对大脑进行科学训练，让你成为高智商人士。
- 借助分析性思考、提问式思考、综合思考、平行思考、创造性思考、水平思考等模式，使你的思维变得更具创造性，让你学会用强大的新方式思考和解决问题，同时带给你无限的创新机会。

《冲突的演化：那些心理学研究无法摆平的心理冲突》

- 另类视角分析近代心理学经典研究的明暗显晦。探究各种冲突是如何在人类内心的黑箱中操作并影响人类行为的。
- 实用心理学主编、蘑菇心理联合创始人吴冕，心理咨询师孵化平台、心理学普及平台糖心理推荐。